# IM FOCUS DER KRITIK:
# DIE KATHOLISCHE KIRCHE UND IHRE GLAUBENSLEHRE

Aufklärungsfibel für Groß und Klein

**Stil/Inhalt**: ohne Scheu klare Positionierung zu vielen Kritikpunkten an der Katholischen Kirche und ihrer Lehre
**Darstellung**: kurz und bündig und für jedermann verständlich
**Blickwinkel**: distanziert / kritisch / rational
**Mein Anliegen**: die Menschen vor Leichtgläubigkeit zu bewahren und ihnen Mut machen, selbstbewusst auf ihren Verstand zu vertrauen

7. ergänzte Auflage 2023,
Jürgen Lipki
Herstellung und Verlag: BoD – Books
On Demand, Norderstedt
ISDN:9783734741814

„Theologie ist der professionalisierte und institutionalisierte Missbrauch der Vernunft im Dienste des Glaubens."

*Hans Albert, Philosoph*

*Renommierter deutscher Vertreter der Lehre des ‚Kritischen Rationalismus' (begründet von Karl Popper)*

Inhaltsverzeichnis

Einleitung.................................................................10

Haupttext................................................................11

1. Glaubensinhalte und Glaubensquellen der KK............11

  • Der Wahrheitsanspruch der KK.........................11

  • Göttliche Offenbarungen und christliche
    Überlieferungen.............................................12

  • Die Verkündigung, dass Gott die Welt
    erschaffen hat................................................15

2. Die Unvereinbarkeit von Glaubensinhalten und
   wissenschaftlichen Erkenntnissen.........................17

  • Glaubensinhalte, die nach unserem heutigen
    Wissensstand nicht wahr sind...........................17

  • Die über die Person Jesus verbreiteten
    Legenden......................................................19

  • Der historische Jesus......................................22

  • Jesus aus christlicher Sicht..............................23

  • Versuche, die christliche Lehre gegen rationale
    Einwände zu verteidigen..................................25

3. Die logischen Widersprüche in der katholischen
   Lehre, der zufolge Gott allmächtig, allwissend und
   gütig ist.........................................................27

4. Die Anstößigkeit der Lehre vom ‚Endgericht'............29

5. Der Anspruch der KK, in der Nachfolge Christi zu
   stehen............................................................30

6. Die Verkündigung, über göttliche Vollmachten zu
   verfügen..........................................................31

7. Die Illusion von einem Leben nach dem Tod............35

8. Die frühkindliche religiöse Indoktrination...............36
9. Die Ohnmacht von Gebeten.............................39
10. Die Katholische Kirche in der Kritik...................40
- Die antiquierten Strukturen der KK...............40
- Die Kriminalitätsgeschichte der KK...............42
- Die Einstellung der Kirche zur Staatsgewalt.........44
- Die Ausübung weltfremder religiöser
  Praktiken.........................................46
- Die Prunksucht der Kirche........................46
- Der Umgang der Kirche mit dem Kindesmiss-
  brauch ihrer Geistlichen.........................48
11. Was hat die KK den Gläubigen heute noch zu
bieten?............................................49
- Spricht die katholische Glaubenslehre die
  Menschen noch an?...............................49
- Welche Überzeugungskraft haben christliche
  Werte in unserer Gesellschaft noch für die
  Menschen?.......................................51
- Ist die Kirche als einer der bundesweit größten
  Träger sozialer Einrichtungen unersetzbar?........53
12. Schlussfolgerungen bzw. Forderungen...................54
- Die Rechtsbeziehungen zwischen der BRD
  und dem Vatikan müssen neu vertraglich
  ausgehandelt werden.............................54
- Die KK muss sich von Bibelstellen, die Krieg
  und Gewalt rechtfertigen, eindeutig
  distanzieren!....................................56
- Bildungspolitische Forderungen..................57

Schlussbemerkung:....................................................................59

Anhänge:

- Ethisch fragwürdige bzw. anstößige Bibelverse (Auswahl)..........................................................................62
- Ist der 'Liebe Gott', wie ihn die KK lehrt, nur ein Trugbild menschlicher Vorstellungskraft?.................71
- Schluß mit dem Wunderglauben!..............................73
- Skandalon Katholische Kirche – unangenehme Wahrheiten.........................................................................79
- Wie verträgt sich Religionskritik mit dem Gebot religiöser Toleranz?......................................................91
- Was ist von der Behauptung zu halten, nur der Glaube könne vor einem Verfall von Sitte und Moral bewahren?...........................................................94
- Religionszugehörigkeit und konfessionsfreies Leben in Deutschland.......................................................97
- Was kann ich wissen? Was darf ich glauben? Was soll ich tun?..............................................................98
- Das Streben nach 'tieferer' Erkenntnis - Die Suche nach der Wahrheit.........................................................103
- Das Weltbild d. Menschen im Wandel der Zeiten....109
- Diverse Themen, u.a.: Gibt es einen ‚freien Willen'? Ist unser Verstand nicht „Herr im Haus"? Worin besteht eigentlich der Sinn des Lebens?..................115
- Zitate namhafter Persönlichkeiten...........................123

Literatur (Hauptquellen)...............................................132

Leserkritik.........................................................................133

<u>Einleitung:</u>

Die Katholische Kirche gilt heute vielen Menschen als eine von Aberglauben und einem antiken Weltbild geprägte Glaubensgemeinschaft. Sie stößt damit zunehmend in der Gesellschaft auf Ablehnung und Kritik. Diese richtet sich nicht nur gegen ihre Glaubenslehre und ihre antiken Moralvorstellungen, sie nimmt auch Bezug auf ihre hoch kriminalitätsbelastete Geschichte und ihre autokratischen und patriarchalischen innerkirchlichen Strukturen. Hinzu kommt noch die Kritik am Auftreten der Kirche in besonders Anstoß erregenden Fällen.

Diese kleine Schrift enthält eine Zusammenstellung der aus rationaler Sicht besonders kritikwürdigen Aspekte in der Auseinandersetzung mit der Katholischen Kirche. Sie versteht sich auch als ein Plädoyer für einen unverfälschten realistischen Blick auf die Welt ohne all' die religiösen und metaphysischen Spitzfindigkeiten und Absurditäten. Im Anhang finden sich daher noch einige zum Nachdenken anregende Bemerkungen zu häufig gestellten Fragen in der Philosophie, die über das hier behandelte Thema hinausgehen und den grundlegenden Ansatz meiner Kritik an der Katholischen Kirche noch deutlicher hervortreten lassen.

# Die Katholische Kirche und ihre Glaubenslehre

## in der Kritik

1. Glaubensinhalte und Glaubensquellen der Katholischen Kirche

Der Anspruch der Katholischen Kirche, die einzig wahre Lehre zu verkünden, ist auf ‚Sand gebaut', oder mit anderen Worten: Es gibt keine Glaubensinhalte, die für alle Menschen gleich wahr und gültig sind, das gilt selbstverständlich auch für die katholische Glaubenslehre. Das folgt aus Gründen einer inneren Logik.

• Der Wahrheitsanspruch der Katholischen Kirche

Religiöse Inhalte beruhen im Wesentlichen auf Vorstellungen über eine ‚jenseitige' Welt, eine nur in Gedanken vorstellbare Welt, in der die Naturgesetze nicht gelten und daher eine grenzenlose Freiheit herrscht, sich Luftschlösser zu bauen und fantastische Vorstellungen über Gott und die Welt zu entwickeln.

Gläubigen erschließt sich damit zwar zusätzlich zur existenziellen Bindung an die reale Welt eine weitere (virtuelle) Welt (des Glaubens), die sie als persönlich bereichernd erleben, ohne allerdings zu bemerken, dass wir Menschen über diese (Phantasie-) Welt keinerlei gültige

Aussagen treffen können und das Geglaubte keine unumstößliche Wahrheit (kein nachweisbares Faktum), sondern rein spekulatives Ergebnis unserer Phantasie ist, man denke nur an so phantastische ‚Glaubenswahrheiten' wie die angebliche Existenz von Himmel und Hölle, Teufel und Dämonen, Engel und himmlischen Heerscharen, Paradies und die Aussicht auf ein ewiges Leben.

Glaubenssätze über Dinge und Geschehnisse, die in der realen Welt nicht vorkommen, sind ihrer Natur nach spekulativ, weil es für fiktive Ideen keine Möglichkeit gibt, über ihren Wahrheitsgehalt objektivierbare, nachprüfbare und allgemein-gültige Aussagen zu treffen. Das menschliche Erkenntnisvermögen lässt nur (jederzeit überprüfbare) verallgemeinernde Aussagen über real existierende (sinnlich wahrnehmbare bzw. experimentell nachweisbare) Dinge zu.

- Göttliche Offenbarungen und christliche Überlieferungen

Die Kirche beruft sich zum Nachweis der Wahrhaftigkeit ihrer Glaubenslehre auf göttliche Offenbarungen, die ihr in der Frühzeit ihrer Entstehung zuteil geworden seien, und auf christliche Überlieferungen, beides Glaubensquellen, die keine allgemein gültigen Einsichten oder Erkenntnisse vermitteln können.

o   Göttliche Offenbarungen

Es handelt sich bei den göttlichen Offenbarungen bei näherem Hinsehen einfach nur um überlieferte Zeugnisse von Menschen, die vor etwa 2000 Jahren gelebt und von ,Stimmen', ,Eingebungen', ,göttlichen Erscheinungen' etc. berichtet haben, alles Dinge, die aus rationaler Sicht mit dem Wissen von heute nur als Produkte der Fantasie von naiv-gläubigen Menschen, nicht als reale Begebenheiten angesehen werden können. Die darauf gestützten Aussagen sind nicht überprüfbar und bieten keinerlei Gewähr dafür, dass es sich dabei um unumstößliche - ,heilige' - Wahrheiten handelt.

Wie beliebig die durch (angeblich) göttliche Offenbarung gewonnenen Glaubenseinsichten sind, tritt offen zu Tage, wenn man sich die höchst unterschiedlichen Glaubensvorstellungen der Religionsgemeinschaften in der Welt vor Augen führt, denen in vielen Fällen gemeinsam ist, dass sie sich auf göttliche Eingebungen, göttliche Inspiration oder göttliche Erleuchtung berufen.

Auch ein Blick in das alte und neue Testament (beides für die Katholische Kirche ,heilige' Bücher) zeigt, wie stark die dortigen Gottesvorstellungen voneinander abweichen:

Im Alten Testament wird Gott als rachsüchtig, kriegerisch und unbarmherzig beschrieben (Gott vernichtet

Sodom und Gomorrha und lässt eine Sintflut über die Welt hereinbrechen). Im neuen Testament erscheint Gott nach der Trinitätslehre als dreieiniges Wesen (Gott Vater, Sohn und Heiliger Geist), wobei Gott als gütiger Vater verehrt wird.

In beiden Fällen soll es sich um dasselbe Wesen 'Gott' handeln, eine höchst fragwürdige Gleichsetzung, die eines zeigt: wie hoch spekulativ, wandelbar und letztlich absolut beliebig religiöse Spekulationen über das Wesen Gottes sind.

○ Christliche Überlieferungen

Auch christlich überliefertes Glaubensgut, das der Katholischen Kirche als ‚heiliger Schatz' gilt, ist aus kritischer Sicht weit entfernt davon, ein - wie behauptet - vom ‚Heiligen Geist' inspiriertes unerschütterliches Glaubensfundament zu sein.

Die kritisch-historische Geschichtsforschung hat unter Auswertung etlicher noch erhaltenen Quellen zum Zustandekommen von Konzilsbeschlüssen in der Entstehungszeit der Kirche festgestellt, dass einige für die heutige Glaubenslehre unverändert gültige, zum Dogma erklärte Kerninhalte christlicher Glaubenslehre auf sehr profane Weise zustande gekommen sind.

Wir wissen heute z.B., dass die Trinitätslehre, über die auf dem Konzil von Nicäa im Jahr 325 n.Chr. entschieden worden ist, nicht nur heftig umstritten war, sondern entscheidend beeinflusst war durch das Auftreten Kaiser Konstantins (eines weltlichen Herrschers). Der Beschluss war letztlich ein Kompromiss, auf den sich die Beteiligten erst nach langen Kämpfen, in denen recht befremdliche Methoden angewandt worden sind (Androhung von Kirchenausschluss, Einschüchterung, Kauf von Stimmen etc.), geeinigt haben (Nachweise bei Karlheinz Deschner).

Man muss schon sehr weltfremd sein, wenn man in den auf diese profane Weise zustande gekommenen Beschlüssen ein Wirken des ‚Heiligen Geistes' zu erkennen glaubt.

<u>Fazit:</u> Die Katholische Kirche kann, da ihre Glaubensquellen nicht geeignet sind, die Wahrhaftigkeit ihrer Lehre hinreichend glaubhaft zu machen, nicht für sich in Anspruch nehmen, den für alle Menschen gültigen, einzig wahren Glauben zu verkündigen.

- Die Verkündigung, dass Gott als allmächtiges Wesen die Welt erschaffen hat

Die Katholische Kirche lehrt, dass Gott die Welt erschaffen und die Menschen nach seinem Ebenbild geformt hat. Dazu ist folg. zu sagen:

Die Annahme, dass es einen (Schöpfer-) Gott geben müsse, weil  viele Menschen sich die Entstehung des Universums nicht anders erklären können, ist zwar mit unserem Wissen nicht zu widerlegen, ist aber letztlich ein rein spekulatives Gedankenkonstrukt, das sich mystischer Vorstellungen bedient.

Man mag das glauben oder nicht. Letztlich ist für den Glauben an Gott (als denkbaren Urheber des Urknalls) speziell für den christlichen Glauben nichts gewonnen, da wir über Gott dann auch nicht mehr wissen, schon gar nicht, ob er die Welt um des Menschen Willen erschaffen hat und ob er wirklich an dem Schicksal der Menschen in irgendeiner Weise Anteil nimmt, alles reines Wunschdenken!

Das gilt insbesondere auch für die christliche Verkündigung, Gott habe mit dem Menschen sein Ebenbild geschaffen. Diese Vorstellung müsste angesichts der fundamentalen Erkenntnisse zur Entwicklungsgeschichte der Menschheit, zu denen die Evolutionstheorie gelangt ist, längst aufgegeben werden.

[Wahre Gottgläubige müssten eigentlich konsequenterweise akzeptieren, dass Gott sich den Menschen nicht zu erkennen gibt, denn als allmächtiger Gott hätte er den Menschen die Fähigkeit, sein wahres Wesen und sein Wollen zu erkennen und für alle Menschen zum unbezweifelbaren Glaubensinhalt zu machen, auch verleihen können.]

2. Die Unvereinbarkeit von Glaubensinhalten und wissenschaftlichen Erkenntnissen

Die Katholische Kirche ignoriert wissenschaftliche Erkenntnisse, die wesentlichen Inhalten ihrer Glaubenslehre entgegenstehen. Sie ist auch mit dem Wissen von heute nicht bereit anzuerkennen, dass es in der realen Welt keine übernatürlichen Phänomene gibt und geben kann. Sie verkündet Glaubensinhalte, die aus rationaler Sicht definitiv falsch sind, trotzdem als unumstößliche (Glaubens-)Wahrheiten.

- Glaubensinhalte, die nach unserem heutigen Wissensstand nicht wahr sind

Zu den Glaubensinhalten, die nach unserem heutigen Wissensstand unwahr sind, zählen u.a.:

o die Erschaffung der Welt in 6 Tagen (ohne Ruhetag),
o die Erschaffung von Adam aus Lehm und Eva aus der Hüfte von Adam,
o die 'unbefleckte' Empfängnis von Maria,
o die Geburt Jesu von der 'Jungfrau' Maria,

- die Wundertätigkeit von Jesus (z.B. die Wunderheilung von Kranken, die Erweckung eines Toten (Lazarus) zum Leben
- die Auferstehung Jesu von den Toten und seine Himmelfahrt.

Es handelt sich dabei allesamt um Glaubensvorstellungen aus der Frühzeit der Entstehung des Christentums. Die Erde galt noch als eine im Mittelpunkt des Sternenhimmels befindliche Scheibe, die naturwissenschaftlichen Erkenntnisse über die Entstehung der Welt, über die Entwicklungsstufen der Menschheit (entspr. der heute wissenschaftlich unbestritten gültigen Evolutionstheorie), und über das Bestehen von physikalischen Naturgesetzen (nach denen es keine übernatürlichen Phänomene gibt) waren noch unbekannt.

Es ist daher verständlich, dass die Menschen in der Antike Vorstellungen von einem allmächtigen, allwissenden und gütigen Gott entwickelt haben, der die Welt und die Menschen erschaffen hat, der das Weltgeschehen lenkt und der auch Wunder bewirken kann. Auch die Vorstellung, dass außergewöhnliche Menschen Gottesgestalt annehmen können, war in etlichen Kulturen der Antike verbreitet, Näheres dazu nachzulesen bei Karlheinz Deschner.

Mit unserem heutigen Wissen müssten alle diese Glaubensinhalte ohne Wenn und Aber aufgegeben werden, da die Aussagen der Kirche längst durch naturwissenschaftliche Erkenntnisse widerlegt sind oder aufgrund der uneingeschränkt geltenden Naturgesetze in der realen Welt nicht wahr sein können.

Wenn Gläubige trotzdem an ihrem Wunderglauben festhalten, zeigt das nur allzu deutlich, dass sie göttlichen Offenbarungen mehr vertrauen als wissenschaftlichen Erkenntnissen und damit ihr religiöser Glaube über ihren Verstand obsiegt.

- Die über die Person Jesus verbreiteten Legenden

Die Person Jesus ist - mit dem Wissen von heute - nicht als vom 'Heiligen Geist' gezeugtes Wesen auf die Welt gekommen und ist auch nicht als Sohn Gottes in den Himmel aufgefahren, wie es die Evangelien berichten. Er kann daher als sog. 'erhöhter Herr' auch nicht die zentrale übernatürliche Gestalt in der christlichen Glaubenslehre sein, für den Gläubige ihn halten.

Im Zentrum der christlichen Lehre steht der von der Mutter Maria geborene Mensch Jesus, über dessen Leben, Wirken und seinen Tod in den vier Evangelien des neuen Testaments berichtet wird. Die Evangelien werden Urhebern zugeschrieben, die nicht selbst Zeitzeugen waren und über das Ihnen Überlieferte berichten. Das älteste Evangelium ist frühestens in den 70er Jahren nach Jesus' Geburt, das jüngste etwa 30 bis 40 Jahre später entstanden. Christliche Theologen und Historiker haben im Rahmen der Jesusforschung festgestellt, dass die Aussagen der Evangelisten in etlichen Details der Christuslehre nicht übereinstimmen. Die Evangelien enthalten vor allem widersprüchliche Angaben:

- zu Jesu Abstammung von David,
- zu den Umständen der Ankündigung von der Schwangerschaft Marias durch einen Engel,
- zum Geburtsort von Jesus (Bethlehem oder Nazareth),
- zur angeblichen Anordnung der Kindstötung durch Herodes,
- zu der Frage, ob Jesus noch Geschwister hatte,
- zur Äußerung seiner Mutter, er sei ‚von Sinnen',
- zu Jesu Wundertätigkeit,
- zu den Umständen bei seinem Tod am Kreuz (seine angebliche Klage: "Himmlischer Vater, warum hast du mich verlassen"),
- zu den Umständen bei dem Auffinden seines leeren Grabes (wobei die angebliche Auferstehung selbst nicht bezeugt wird!),
- zum späteren angeblichen (physisch realen) Erscheinen von Jesus vor Maria Magdalena und den Jüngern,

Näheres nachzulesen bei Gerd Lüdemann („Jesus nach 2000 Jahren", 4. Aufl. 2014).

Der Theologe Gerd Lüdemann kommt bei kritischer Auslegung der Quellen zu dem Ergebnis, dass bereits kurze Zeit nach dem Tod von Jesus seine Jünger und Anhänger unterschiedliche Gemeinden gebildet haben, in denen eine teilweise von einander abweichende Legendenbildung um den Mensch Jesu stattgefunden hat, die mit dem wachsenden zeitlichen Abstand zu den historischen Ereignissen noch zugenommen hat.

Auf diese Weise erklären sich zum einen die Unterschiede in der Schilderung angeblicher Geschehnisse um die Person Jesu in den Evangelien. Nur so wird zum andern auch nachvollziehbar, dass die Verehrung von Jesus nach seinem Tod noch angewachsen ist mit der Folge, dass Jesus im Verlauf der mündlichen Überlieferung schließlich als Gottes Sohn angesehen und vergöttert wurde. Dieser Sichtweise auf die Person Jesu haben später die Evangelisten im unerschütterlichen Glauben an seine göttliche Mission in überzeugender Weise Ausdruck verleihen wollen.

Die zu diesem Zweck um die Person Jesus verbreiteten Legenden, nach denen er durch göttlichen Eingriff gezeugt und von einer Jungfrau geboren worden ist, Wunder vollbracht haben und in den Himmel aufgefahren sein soll, waren zur damaligen Zeit nicht unglaubwürdig. Es gab auch – wie bereits erwähnt - in anderen Kulturen längst ähnliche für wahr gehaltene Mythen über Menschen, die als

Götterwesen verehrt wurden (z.B. ägyptische Pharaonen, antike griechische Helden).

Die biblischen Legenden müssen in heutiger Zeit jedoch in anderem Licht gesehen werden. Da sie in Kernaussagen mit den uns bekannten Naturgesetzen nicht vereinbar sind, können sie aus rationaler Sicht nur als das Produkt der lebhaften Fantasie und Blindgläubigkeit der an der Legendenbildung Beteiligten angesehen werden.

- Der historische Jesus

Wenn wir die Aussagen der Evangelisten von allem, was Legende ist, befreien, dann kann man trotz einer eher dürftigen Quellenlage als historisch belegt von folgenden tatsächlichen Geschehnissen ausgehen:

Jesus ist von einem unbekannten Vater gezeugt und von seiner Mutter Maria geboren worden. Er hatte mehrere Geschwister. Im Alter von etwa 30 Jahren ist er als Wanderprediger aufgetreten. Im Zentrum seiner Verkündigung stand das bevorstehende Heraufkommen eines "Gottesreichs" (noch zu Lebzeiten seiner Jünger und Anhänger).

Jesus war Jude, hat aber am Judentum seiner Zeit heftige Kritik geübt. Als er seine Lehre nach Jerusalem und damit in das geistige Zentrum des damaligen Judentums getragen hat, hat er den Zorn der jüdischen Priesterschaft auf sich gezogen. Es drohten Auseinandersetzungen zwischen den religiösen Lagern. Das führte schließlich dazu, dass Jesus öffentlich angeklagt und vom römischen Präfekten Pontius Pilatus (vermutlich wegen aufrührerischer Tätigkeit in Verbindung mit Gotteslästerung) zum Tod am Kreuz verurteilt worden ist.

Das Urteil wurde kurz darauf vollstreckt. Jesu Leichnam ist nach Feststellung seines Todes vom Kreuz abgenommen und in ein Grab gelegt worden. Sein Leichnam wurde dort von Maria Magdalena nach drei (zwei?) Tagen nicht mehr vorgefunden.

Die Evangelien geben keine Auskunft darüber, unter welchen Umständen der Leichnam Jesu aus dem Grab verschwunden ist. Es kann weder ausgeschlossen werden, dass Jesus nur irrtümlich für tot gehalten worden ist und sich wieder erholt hat noch, dass sein Leichnam an anderer Stelle beerdigt worden ist.

- Jesus aus christlicher Sicht

Die Anhänger von Jesus haben ihn nach seinem Tod als Jesus Christus, den Messias und Sohn Gottes verkündet. Diese Aussagen sind aus heutiger rationaler Sicht rein fiktives Gedankengut (Legende, frommes Märchen). Gläubige hingegen zweifeln nicht an der Göttlichkeit von

Jesus. Das lässt sich zwar rational nicht erklären, möglicherweise aber auf folgendem Hintergrund:

In ihrer Vorstellungswelt ist ihr Glaube an die Wundertätigkeit Jesu, seine Auferstehung und Himmelfahrt und seine Göttlichkeit eng verknüpft mit seiner Verkündigung, Gott entscheide am Tage des Jüngsten Gerichts darüber, wem ein ewiges Leben beschieden sei. Darauf hoffen dürfe nur, wer an Jesu Lehre glaube und ein gottgefälliges Leben führe. Ihr Glaube lässt Gläubigen demnach keine Wahl, an Jesu Göttlichkeit zu zweifeln, wenn sie sich die Aussicht auf ein ewiges Leben erhalten wollen.

Dieser Teil der christlichen Lehre wirkt auf Gläubige wie ein Denkverbot, das sie verinnerlichen und von dem sie sich häufig ein Leben lang nicht frei machen können. Sie merken leider nicht, wie abgehoben von dem realen Leben ihre Glaubensvorstellungen sind und verteidigen daher diese Glaubensinhalte gegen jede Form rationaler Kritik. Für sie sind ihrem Glauben durch den Verstand und durch wissenschaftliche Erkenntnis keine Grenzen gesetzt.

Persönliche Anmerkung:
Ich bestreite nicht, dass Jesus ein außergewöhnlicher Mensch war, der mit seiner Lehre für seine Zeit neue ethische Maßstäbe gesetzt hat, die teilweise bis in die heutige Zeit bedeutsam sind. Auch erkenne ich vorbehaltlos

an, dass eine solche Person unter den Menschen große Wertschätzung genießt und als herausragende Person der Weltgeschichte in hohen Ehren gehalten wird. Zu einem göttlichen Wesen macht ihn das nicht! Der Mythos um die Person Jesu ist frömmelnde Phantasterei!

Zur Klarstellung:

Wenn die Wundergeschichten um die Person Jesu als fromme (fiktive) Erzählungen (Legenden) verkündet würden, wären meine rationalen Einwendungen selbstverständlich weitgehend gegenstandslos.

Wenn aber - wie jedermann weiß – bei der Verkündigung der ‚Worte Gottes' wie selbstverständlich der Eindruck hervorgerufen wird, dass es sich bei den angesprochenen Wundererzählungen um wahre historische Begebenheiten handelt, muss sich die Katholische Kirche nicht darüber empören, dass ihr Täuschung und Verdummung der Gläubigen oder sogar Scharlatanerie vorgeworfen wird.

- Versuche, die christliche Lehre gegen rationale Einwände zu verteidigen

Theologen wenden vielfach gegenüber einer am Wortlaut der Bibel ansetzenden rationalen Kritik ein, die übermittelten, von Gott inspirierten Botschaften seien häufig nicht wörtlich gemeint, es handele sich vielmehr um

Metaphern, deren verschlüsselter Sinn durch Auslegung zu ergründen sei.

Auf diese Weise sind sie bemüht, die aufgezeigten Irrtümer, Widersprüchlichkeiten und Absurditäten zu entkräften, indem sie den biblischen Texten einen Sinn beilegen, der ihren Absichten dienlich ist. Vielfach entsteht beim Leser dieser Werke der Eindruck, dass der Auslegung keine Grenzen gesetzt sind und der wörtliche Sinngehalt von Bibelstellen in ihr genaues Gegenteil verkehrt wird.

Dazu ist im einzelnen folgendes zu bemerken:

Zunächst: Warum sollte Gott (auf der Grundlage christlicher Glaubenslehre) Botschaften an die Menschen senden, die anders gemeint sind als sie nach dem Wortlaut allgemein verstanden werden? Es dürfte auch kaum ernsthaft zu bestreiten sein, dass die Evangelisten die überlieferten Glaubensinhalte - zumindest in den Kernbotschaften - so weitergeben wollten, wie diese von den Gläubigen innerhalb der damaligen Glaubensgemeinden allgemein verstanden wurden.

Es ist daher wenig glaubhaft anzunehmen, es handele sich bei all' den wunderbaren Geschehnissen, über die sie berichten, um den Evangelisten selbst nicht bewusste (oder von ihnen absichtlich) verschlüsselte göttliche Botschaften. Wer wäre nach dieser Sichtweise denn überhaupt berufen, die hinter dem Wortlaut versteckte göttliche Wahrheit zu erkennen und zu verkünden?

Es hat zwar an Theologen, die sich zur Einfühlung in göttliches Wollen für befähigt gehalten haben, zu keinen Zeiten gefehlt, sie sind allerdings – das wird Niemanden verwundern - im Rahmen ihrer exegetischen (Exegese: Auslegung von Texten) Bemühungen zu höchst unterschiedlichen Interpretationen biblischer Texte gekommen. Man schafft auf diese Weise keine Klarheit über Glaubensinhalte, sondern nur zusätzliche Verwirrung. Die Frage, woran man eigentlich glauben soll, wird für die Gläubigen auf diese Weise nicht befriedigend beantwortet.

Wie wir damit sehen können, löst die Methode, sich einerseits mittels hermeneutischer (interpretativer) Kunstgriffe von problematischen Bibeltexten abzusetzen, um damit andererseits zentrale Glaubensinhalte nicht aufgeben zu müssen, nicht das Problem mit der rationalen Kritik an der Glaubenslehre, ohne neue Fragen an die Glaubwürdigkeit speziell dieser Lehrauffassungen aufzuwerfen.

3. Die logischen Widersprüche in der katholischen Lehre, der zufolge Gott allmächtig, allwissend und gütig ist

Die christliche Glaubenslehre, die Gott als allmächtig, gütig und allwissend ansieht, gerät in logische

Widersprüche, weil sie nicht nachvollziehbar erklären kann:

- warum Gott Leid und Unheil auf der Welt zulässt (wie kann er dann gütig sein?),
- warum es einen Teufel gibt, der die Menschen zur Sünde verführen will (ist Gott nicht allmächtig oder warum lässt er das Böse zu?),
- warum in der Bibel, die doch als Botschaft Gottes an die Menschen angesehen wird - 'Wort Gottes' - Dinge stehen, von denen wir heute wissen, dass sie nicht wahr sind, s.o. unter Ziff. 2 (ist Gott nicht allwissend oder warum täuscht er uns?),
- warum Jesus die Botschaft verkündet hat, das ‚Gottesreich' stehe unmittelbar bevor, obwohl diese Verkündigung niemals eingetreten ist (wie kann dann Jesus Teil eines dreieinigen göttlichen Wesens sein, wenn er Gottes Plan nicht kennt?).*

*Anmerkung:

Mit dieser Botschaft ist Jesus' angeblicher Auftrag an seine Jünger, seine Lehre nach seinem Tod in alle Welt hinauszutragen, nicht vereinbar. Letzteres ist eindeutig Legende (Näheres nachzulesen bei Gerd Lüdemann).

Jesus hat zu Lebzeiten nicht im Entferntesten daran gedacht, sich vom Judentum abzuwenden und eine eigene Kirche zu gründen und Petrus und spätere Nachfolger als Vertreter Gottes auf Erden einzusetzen, letzteres schon deshalb, weil er mit dem Eintreffen des Gottesreichs ja noch zu Lebzeiten der Jünger gerechnet hat (siehe auch Anmerkung in Ziff. 5).

4. Die Anstößigkeit der Lehre vom ‚Endgericht'

Die Katholische Kirche wirbt in einer für mich grob anstößigen Weise für ihren Glauben, indem Sie den Menschen die Aussicht auf ein ewiges Leben verspricht, wenn sie ein gottgefälliges Leben führen, und allen Menschen, die nicht an ihren Gott glauben, ewige Verdammnis androht. Dazu ist folgendes zu sagen:

o Wenn die Katholische Kirche für den nach ihrer Überzeugung wahren Glauben werben wollte, sollte sie auch allein mit den Inhalten ihrer Lehre andere überzeugen können. Sie will aber offenkundig den Menschen nicht eine freie Wahl lassen, sich ihrem Glauben anzuschließen, sondern sie sollen durch ein fantastisches Versprechen für den christlichen Glauben 'gewonnen' und unter Androhung äußerster ewiger Qualen (im Falle des Abfalls vom Glauben) an die Kirche lebenslang gefesselt werden, eine in höchstem Maße ethisch bedenkliche (wenn auch zugegebenermaßen sehr wirksame) Methode.

o Die Lehre vom ‚Jüngsten Gericht' (Endgericht) ist - soweit Ungläubigen die ewige Verdammnis droht -

unvereinbar mit der Lehre von der Barmherzigkeit Gottes. Oder gilt diese Verkündigung nur für rechtgläubige Katholiken? Beide Verkündigungen passen jedenfalls nicht zusammen!

o Die Androhung ewiger Höllenqualen ist vor allem als zutiefst unmenschlich zurückzuweisen. Die Katholische Kirche muss sich fragen lassen, ob sie auf dem ethischen Niveau des Alten Testaments stehengeblieben ist.

5. Der Anspruch der Katholischen Kirche, in der Nachfolge Christi zu stehen

Die Katholische Kirche erklärt, sie stehe in der Nachfolge Christi, der Pabst sei Stellvertreter Gottes auf Erden und bei der Verkündigung christlicher Lehren unfehlbar. Sie leitet ihre Entstehung und das Papsttum u.a. aus einer Verkündigung Jesu in Matthäus 16,18 ab; dort heißt es:

„Du bist Petrus und auf diesen Felsen werde ich meine Kirche bauen und die Mächte der Unterwelt werden sie nicht überwältigen. Ich werde dir die Schlüssel des Himmelreichs geben;...".

Nach kirchlicher Tradition wird Petrus - historisch nicht belegt - als der erste Bischof von Rom angesehen. Das ihm übertragene Amt geht nach kanonischem Recht auf den jeweils gewählten Papst als seinen Nachfolger über.

Die Begründung der Kirche für ihren Anspruch, in der Nachfolge Christi zu stehen, kann allerdings nach den Erkenntnissen der theologisch-historischen Forschung nicht aufrechterhalten werden. Danach werden die in Matthäus 16:18 wiedergegebenen Worte Jesu nach gründlicher Analyse als ‚unecht' (zu Unrecht als Jesu Verkündigung ausgegeben – also frei erfunden!) angesehen (nachzulesen bei Gerd Lüdemann).

Das Dogma von der Unfehlbarkeit des Papstes, wenn er in seinem Amt als „Lehrer aller Christen" eine Glaubens- oder Sittenfrage als endgültig entschieden verkündet, ist nicht nur Ausdruck einer schier grenzenlosen Hybris der Katholischen Kirche, sondern auch Synonym für das Scheitern an der Wirklichkeit:

Die Dogmen von der ‚Unbefleckten Empfängnis' Mariens (durch Pius IX, 1854) und von der leiblichen Himmelfahrt Mariens (durch Pius XII, 1950)) legen für jeden Vernunftbegabten, der mit den Naturgesetzen vertraut ist, offen, wie fehlbar auch Päpste sein können.

6. Die Verkündigung, über göttliche Vollmachten zu verfügen

Die Katholische Kirche erklärt, über von Gott verliehene Vollmachten zu verfügen:

- Geistliche könnten im Namen Gottes den Gläubigen die Beichte abnehmen und 'Sünden' vergeben,
- die Kirche könne Menschen im Namen Gottes ‚heilig' sprechen und diese verdienten eine besondere Verehrung.

Die Katholische Kirche beruft sich dabei u.a. auf die Worte Jesu, die er nach seiner 'Auferstehung' verkündet haben soll:

*„Welchen Ihr die Sünden erlasset, denen sind sie erlassen..." Johannes 20:23*

Diese Worte sind in religiöser Absicht frei erfunden, da Jesus seinen Jüngern nach seinem Tod und seiner angeblichen Auferstehung nicht leibhaftig erschienen sein und sie bevollmächtigt haben konnte.

Man darf wohl auch zu Recht fragen, warum die Menschen nicht selbst vor Gott (dem die Sünden ohnehin als allwissendem Wesen bereits bekannt sind) Vergebung empfangen können und warum es dazu eines Geistlichen bedarf, der selbst nicht frei von Sünde ist.

Mir drängt sich daher die Frage auf, ob hinter der Behauptung, von Gott in besonderer Weise berufen zu sein, nicht von Anfang an ein profanes egoistisches Eigeninteresse der Kirche - für Gläubige ein notwendiges Bindeglied zu sein, um an der „göttlichen Gnade" teilhaben zu können - verborgen war. Die Kirche hat diese Geschichte jedenfalls in vortrefflicher Weise zu ihrem eigenen Vorteil – als äußerst einträgliches ‚Geschäftsmodell' - zu nutzen gewusst, indem sie für ihre anempfohlenen bzw. unverzichtbaren Dienste die Gläubigen nach Belieben zur Kasse gebeten und auf diese Weise einen immensen Reichtum angehäuft hat.

Zur <u>Beichtpraxis</u> selbst ist folgendes kritisch anzumerken:

Die KK hat die mündlich vor einem Geistlichen abzulegende Beichte - ob nun gezielt beabsichtigt oder nicht, jedenfalls offenbar ohne sich der Grenzverletzung bewusst zu sein - zu einem Instrument gemacht, das die Menschen ohne Rücksicht auf ihren geschützten Persönlichkeits- und Intimbereich schonungslos aushorcht. Sie verschafft sich in all' den Fällen, in denen in der Praxis, vor allem in kleineren Kirchengemeinden, die Anonymität nicht gewahrt werden kann, in der ihr eigenen nassforschen, keinen Widerspruch duldenden Art mit dem Wissen um die intimsten privaten Geheimnisse der Menschen ein Leben lang Macht über sie.

Ich frage mich, was sich die Geistlichen eigentlich dabei denken, wenn sie die mündliche Beichte von sündhaften Verfehlungen, zu denen auch Verstöße gegen die katholische Sexualmoral zählen, von fremden Menschen offenbar völlig frei von jeglicher Scham entgegennehmen. Und wie blindgläubig und engstirnig müssen die Kirchenoberen eigentlich sein, um diese Form der Beichte, die offenkundig ‚übergriffig‘ ist, in heutiger Zeit als heiliges Sakrament aufrechtzuerhalten?

Die KK sollte zur Kenntnis nehmen, dass diese dogmatisch vorgegebene Beichtpraxis mit den Grundwerten unserer Verfassung nicht vereinbar ist, da sie damit schutzwürdige Belange der Gläubigen verletzt, konkret: ihr aus der Menschenwürde (Art.1 GG) abgeleitetes, der Selbstachtung dienendes und daher von jedermann zu respektierendes Recht auf Wahrung ihrer privaten, vor allem auch intimen Geheimnisse vor fremdem Einblick.

Dieses Recht genießt nach herrschendem Rechtsverständnis auch dann den Schutz unserer Verfassung, wenn die Gläubigen sich den Beichtmodalitäten freiwillig unterwerfen, der Verzicht auf die Wahrung ihrer schutzwürdigen Belange aber letztlich nur erfolgt, weil Ihnen die KK keine andere Wahl lässt: Sie würden ansonsten die von der Kirche versprochene Aussicht auf das ‚ewige Heil‘ verlieren.

Nicht zuletzt ist der Kirche auch der unsägliche Missbrauch vorzuhalten, den sie mit den angemaßten göttlichen Vollmachten bis in die Mitte des 20. Jahrhunderts betrieben hat: vor allem der geschäftsmäßige Handel mit Ablässen und die Erteilung von Generalabsolutionen gegen großzügige Zuwendungen an die Kirche.

Höchst befremdlich ist zudem die - vielfach zur reinen Geschäftemacherei verkommene - Verehrung von Reliquien aller Art und von Heiligen, unter denen sich Kirchenlehrer und Päpste befinden, von denen einige nach heutigen Maßstäben wahre Unholde waren (Nachweise bei Karlheinz Deschner in 'Kriminalitätsgeschichte des Christentums').

Das Verfahren der Heiligsprechung ist schon für sich genommen höchst fragwürdig, da im Regelfall der Nachweis eines >Wunders< (gemeint ist hier: ein Vorgang, der nur mit einem göttlichen Eingreifen erklärt werden kann) gefordert wird.

7.  Die Illusion von einem Leben nach dem Tod

Der wahre und vermutlich maßgebliche Grund dafür, dass die christliche Lehre auch heute noch auf viele Menschen attraktiv wirkt, ist das Versprechen auf ein ewiges Leben, das sich im Falle eines gottgefälligen Lebens im christlichen Glauben erfüllen kann.

Diesem völlig irrationalen Versprechen, das die Verwirklichung eines alten Menschheitstraums möglich erscheinen lässt, gehen viele Menschen auf den Leim, obwohl längst allgemein bekannt ist, dass das Leben mit dem Tod unwiderruflich endet, der Körper in seine Moleküle und Atome zerfällt und nichts von dem, was menschliches Leben ausmacht, übrig bleibt.

Diese schlichte Wahrheit wird mit der irrationalen Behauptung bestritten, es gebe ein 'Etwas' ('Seele'), das den Menschen überlebt. Das möge glauben, wer will! (Näheres dazu im Anhang S.120)

8. Die frühkindliche religiöse Indoktrination

Auch die kirchliche Tradition, Kinder früh in die Kirche aufzunehmen, sie damit an die Kirche zu binden, dabei ihre mangelnde Reife in religiösen Angelegenheiten auszunutzen und sie mit ihren archaischen, irrationalen Vorstellungen zu folgsamen Gläubigen zu erziehen, ist hoch bedenklich.

Glaubensgemeinschaften reden über reine Phantasieprodukte wie 'ewiges Heil', Gnade Gottes, göttlichen Beistand, die Vergebung von Sünden etc., als wären es echte, mit den Sinnen wahrnehmbare Dinge in dieser Welt. Sie tun das mit einer nach außen getragenen Selbstüberzeugung, als wären diese Glaubensinhalte so real, dass man  sich ihrer Gültigkeit über alle Zweifel hinweg gewiss sein kann. Das ist, wie ich unter Ziff.1 dargelegt habe, nicht möglich.

Religionen ziehen auf diese Weise vor allem Kinder in ihren Bann, aus dem diese sich häufig ihr Leben lang nicht befreien können. Sie bedienen sich dabei einer sehr raffinierten und wirksamen Methode, nämlich der frühkindlichen >Indoktrination< (nach Wikipedia "eine besonders vehemente, keinen Widerspruch und keine Diskussion zulassende Belehrung") ihrer - teilweise bizarren - Lehren. Mit Zustimmung der Eltern werden Kinder auf diese Weise einer Manipulation ihrer Kinderseelen ausgesetzt, die psychische Schäden für das ganze Leben zur Folge haben kann (Angststörungen, Traumata, Schuldgefühle).

Besonders unheilvoll ist in diesem Zusammenhang die Lehre von der ‚Erbsünde', der zufolge jeder Mensch mit einer Erbsünde belastet auf die Welt kommt (die sich aus dem ‚Sündenfall' von Adam und Eva herleitet) und zu seinem Heil auf die Gnade Gottes angewiesen ist.

Ich erspare es mir, diese zum Glaubensdogma erhobene Lehre hier näher darzustellen, da die Erzählung vom

Sündenfall im Paradies antikem Gedankengut entspricht und von vielen Menschen heute (im Licht der Evolutionstheorie) als höchst obskur angesehen wird. Für sie ist die Vorstellung, dass Gott Adam und Eva als erste Menschen erschaffen hat und diese in einem ‚Paradies‘ gelebt haben, aus dem sie von Gott vertrieben worden sind, weil sie gesündigt haben, und diese Schuld sich auf alle nachfolgenden Generationen vererbt, völlig absurd.

Für naiv Gläubige hingegen sind das keine Hirngespinste. Sie mögen als Erwachsene glauben, was sie wollen. Allerdings dürfen Kinder, die in Glaubensangelegenheiten noch nicht die Reife haben, sich über - fragwürdige bzw. abwegige - Glaubensinhalte von Religionen eine abgewogene Meinung zu bilden, nicht einer kirchlichen Indoktrination ausgesetzt werden, die in ihrem Seelenleben schweren Schaden anrichten kann.

Der Psychologe Franz Buggle berichtet in seinem Buch ‚Denn sie wissen nicht, was sie glauben oder warum man redlicherweise nicht mehr Christ sein kann‘ über wissenschaftliche Erkenntnisse, nach denen die Lehre von der Erbsünde bei Kindern tiefe Ängste und Schuldgefühle hervorrufen kann, wenn ihnen im Rahmen der Beichte ihre - angeblichen - Sünden von Geistlichen vorgehalten werden (dazu gehören z.B. alle Verstöße gegen die katholische Sexualmoral, auch das Verschweigen von sündhaftem

Verhalten etc.) und ihnen gesagt wird, dass ein sündiges Leben ewige Höllenqualen zur Folge haben kann.

9. Die Ohnmacht von Gebeten

Die Kirche verkündet den Gläubigen, Gott erhöre ihre Gebete, Gläubige sollten sich ihm ganz anvertrauen und ihr Schicksal in seine Hände legen. Gläubige müssen das so verstehen und tun das häufig auch so, dass Gott Menschen in der Not beistehen und Leid lindern kann.

Dem ist entgegenzuhalten, dass ein göttliches Eingreifen in die Geschicke der Menschen allgemein und das Schicksal jedes einzelnen im Besonderen aufgrund der uneingeschränkten Geltung der Naturgesetze nicht möglich ist. Jeder Gläubige prüfe sich selbst, ob er wirklich auf die Güte Gottes vertrauen darf und er selbst oder ihm nahestehende Menschen wirklich von Leid in der Welt verschont bleiben, wenn er nur inständig Gott darum bittet.

Anmerkung: Geistliche geraten allerdings nicht in Verlegenheit, wenn sie auf den Widerspruch zwischen ihrer Lehre von der Barmherzigkeit Gottes und dem realen Leid in der Welt angesprochen werden. Statt ehrlich zu antworten flüchten sie sich dann häufig in stereotype Floskeln wie 'Des Menschen Schicksal liegt in Gottes Hand' oder 'Die Wege des Herrn sind unergründlich'.

10.  Die Katholische Kirche in der Kritik

Von der Katholischen Kirche wenden sich zunehmend mehr Menschen ab, nicht nur, weil die Anziehungs- und Überzeugungskraft ihrer Glaubenslehre schwindet, sondern weil die Kirche selbst zunehmend in der Kritik steht.

•  Die antiquierten Strukturen der Katholischen Kirche

So weltfremd wie ihre Lehre ist, so antiquiert sind auch die institutionellen Strukturen der katholischen Kirche.

Die Katholische Kirche ist streng hierarchisch aufgebaut und in Diözesen aufgeteilt, denen ein Bischof mit umfassender Lehr- und Leitungsgewalt vorsteht. Bischöfe werden nicht von den Kirchenmitgliedern gewählt, sondern vom Papst auf Vorschlag des sogen. Domkapitels, dem nur Geistliche angehören, eingesetzt. Frauen sind vom sogen. Weihesakrament (unter Missachtung des heute allgemein geltenden Gleichbehandlungsgebots) ausgeschlossen. Bischöfe sind nur dem Papst gegenüber verantwortlich.

Die Laienmitglieder sind - mit Ausnahme weniger besonders beauftragter Laien - von allen wichtigen institutionellen Entscheidungsprozessen und wirksamen Kontrollmechanismen ausgeschlossen, sie werden in kirchlichen Angelegenheiten allenfalls beratend beteiligt.

Die Katholische Kirche hat in Deutschland im Jahr 2015 - neben zahlreichen anderen Einnahmen in unbekannter Millionenhöhe - etwa 6 Milliarden Euro an Kirchensteuer (9% der Einkommenssteuer ihrer Mitglieder) eingenommen (Quelle: Wikipedia). Über die Verwendung dieser jährlichen Einnahmen entscheiden ausschließlich die Kirchenoberen.

Weder die Offenlegung des Finanzhaushalts geschweige denn der sonstigen kirchlichen Finanz- und Vermögensverhältnisse ist im Kirchenrecht vorgesehen. Selbst über die Verwendung von Spenden findet keine ordentliche Rechnungslegung gegenüber den Gläubigen statt. Die Kirchenoberen halten es nicht für geboten, sich an allgemein gültige Regeln zu halten, nach denen Amtsträger hinsichtlich der von ihnen verwalteten Gelder den (zahlenden) Mitgliedern gegenüber Rechenschaft schulden.

Anmerkung: Angesichts des undurchsichtigen Systems bei der Verwaltung der Kirchgelder werden Kirchenmitglieder sich nicht selten fragen, ob die Zugehörigkeit zur Kirche es Ihnen noch wert ist, der Kirche lebenslang eine monatliche Zuwendung (in Form der ‚Kirchensteuer‘) zukommen zu lassen, deren Höhe sie nicht selbst bestimmen können und über deren Verwendung sie keine Rechenschaft erhalten.

Kirchenkritiker fragen sich darüber hinaus, worin für die Gläubigen überhaupt die angemessene Gegenleistung besteht, wenn man weiß, dass nur etwa fünf (!) Prozent der Kircheneinnahmen direkt für soziale Zwecke ausgegeben werden (Quelle: Rheinischer Merkur, März 2010).

- Die Kriminalitätsgeschichte der Katholischen Kirche

Die Katholische Kirche hat in ihrer langen Geschichte viel Unheil über die Welt gebracht. Sie war ständig bestrebt – wie jeder mit der Religionsgeschichte der katholischen Kirche Vertraute weiß - ihre Macht auch unter Anwendung von Gewalt zu festigen und auszuweiten und ist dabei weder vor der Unterdrückung und Vernichtung ganzer Volksgruppen noch vor Mord an völlig unschuldigen Menschen zurückgeschreckt.

Im Namen der Kirche und ihr direkt zurechenbar sind viele grauenhafte Dinge passiert, insbesondere:

o durch blindwütigen Hass auf Juden ausgelöste Pogrome,
o die mörderische Verfolgung von Ketzern, Hexen, Andersdenkenden (Inquisition),
o die extrem grausame Durchführung von Kreuzzügen,
o die zwangsweise Missionierung und grausame Unterdrückung ganzer Völker.

An etlichen dieser Gräueltaten maßgeblich beteiligt waren ‚Brüder‘ christlicher Ordensgemeinschaften, die - in ihrem exzessiven Wahn - glaubten, damit einem gottgefälligen Zweck zu dienen.

Einen an Unmenschlichkeit wohl nicht zu überbietenden Höhepunkt religiösen Wahns stellt zweifellos die Rechtfertigung der Hexenverfolgung, auch unter Anwendung von grausamen Folter- und Hinrichtungsmethoden, im sog. <u>Hexenhammer</u> dar (Erstveröffentlichung 1486 durch den Dominikaner Heinrich Kramer). Die darin enthaltenen Verfahrensregeln sind im Mittelalter über mehr als 150 Jahre im Rahmen von Hexenprozessen zigtausendfach angewendet worden und haben in ungezählten Fällen zur Verurteilung und zum qualvollen Tod unschuldiger Opfer geführt (Nachweise bei Karlheinz Deschner).

Zu erwarten wäre, dass sich die Kirche in tiefer Scham und Demut rückhaltlos zu begangenem Unrecht bekennt und alles dafür tut, um diesen Teil ihrer Vergangenheit aufzuklären, dafür die Verantwortung zu übernehmen und Wiedergutmachung im Rahmen des Möglichen zu leisten.

Diesen Konsequenzen scheint sich die Kirche wenn immer möglich entziehen zu wollen, indem sie durch ihre Amtsträger Verantwortung bzw. Mitverantwortung für zugefügtes Unrecht bestreitet, verharmlost, vertuscht oder versucht, die begangenen Verbrechen durch 'Totschweigen' in Vergessenheit geraten zu lassen (Nachweise bei Karlheinz Deschner in 'Abermals krähte der Hahn').

Die Katholische Kirche besitzt auch nicht die moralische Größe, an die von ihr begangenen Untaten zu erinnern, etwa indem sie in ihrem jährlichen Kirchenkalender einen entsprechend gewidmeten Mahntag vorsieht.

Auch den vielen Opfern ihrer Schandtaten hat sie kein Denk- bzw. Mahnmal gewidmet, um auf diese Weise ein offenes, die Zeiten überdauerndes Bekenntnis zu ihrer Schuld, die sie in der Vergangenheit auf sich geladen hat, abzulegen und damit den durch sie zu Tode gekommenen bzw. entrechteten Menschen ein würdiges Andenken zu bewahren.

Das Verhalten der Kirche verstößt nicht zuletzt offenkundig gegen das von ihr selbst an ihre Gläubigen gerichtete Gebot, für begangenes Unrecht Sühne zu leisten und Gott um Vergebung zu bitten. Mit einem stillen Gebet oder einem gelegentlichen öffentlichen Bedauern eines ‚Kirchenfürsten‘ über ‚Irrwege‘ der Kirche ist es nicht getan!

• Die Einstellung der Kirche zur Staatsgewalt

Nicht unerwähnt bleiben darf, dass die Kirche seit Jahrhunderten ein bis in die jüngste Zeit immer gleiches

Verhaltensmuster zeigt, mit totalitären bzw. diktatorisch geführten staatlichen Systemen aus rein opportunistischen Gründen ihren Frieden zu machen und es dabei häufig unterlassen hat, ihre Stimme lautstark gegen Willkür, Unfreiheit und Ungerechtigkeit zu erheben.

Ein besonders eindrucksvolles Beispiel dafür bietet aus der jüngeren Geschichte der Umgang der Katholischen Kirche mit den Diktaturen von Hitler und Mussolini. Nach den Feststellungen von Karlheinz Deschner in 'Abermals krähte der Hahn' war das Verhalten des Papstes und der Kirchenführer in Deutschland während dieser Jahre - zurückhaltend formuliert – äußerst beschämend.

Die Einstellung der Katholischen Kirche gegenüber staatlichen Herrschaftsstrukturen ist Ausdruck einer allgemeinen opportunistischen Grundhaltung, die bis in ihre Frühzeit zurückreicht, als christliche Gemeinden noch selbst schwach und ihre Mitglieder staatlicher Verfolgung ausgesetzt waren. Die Kirche beruft sich dabei auf Jesu Worte, der gesagt hat:

*'So gebet dem Kaiser, was des Kaisers ist und Gott, was Gottes ist!'* (Lukas 20, 25)

Aus diesen Worten hat die Kirche eine feste Glaubensüberzeugung abgeleitet, nach der die jeweiligen politischen Gegebenheiten in den Ländern der Welt

Ausdruck einer gottgewollten Ordnung sind und ihre Gläubigen sich mit diesen Verhältnissen und dem ihnen darin zugedachten Los auf Erden (Leben in Armut und völliger Rechtlosigkeit) abzufinden haben.

Mit dieser Einstellung hat sie auch bis in das 19. Jahrhundert Sklaverei gerechtfertigt und Menschen selbst in Sklaverei gehalten (aus der sie sich – im Unterschied zur Praxis in vielen anderen Staaten - ihr Leben lang nicht freikaufen konnten!).

- Die Ausübung weltfremder religiöser Praktiken

Die Katholische Kirche bedient sich bis in die heutige Zeit völlig inakzeptabler religiöser Praktiken (Therapien für homophil veranlagte Menschen, Teufelsaustreibung).

- Die Prunksucht der Kirche

Die Katholische Kirche hat - solange sie es sich von den eingeforderten Beiträgen, den großzügigen Zuwendungen der Gläubigen und auf andere Weise leisten konnte - einer Prunksucht gefrönt, die Ihresgleichen suchte, und unvorstellbar große Reichtümer angehäuft.

Ich denke dabei nicht nur an die vielen überaus prachtvoll ausgestatteten Kirchenbauten in aller Welt und die in ihnen aufbewahrten Reichtümer an

Kunstgegenständen, Prunkobjekten und sonstigen Kleinodien oder an die im Vatikan und dem Petersdom über viele Jahrhunderte angehäuften Kunstschätze von unermesslichem Wert, sondern auch an den reichen Besitz an Vermögenswerten (vor allem Aktienbeteiligungen), und die über Jahrhunderte angesammelten riesigen Ländereien in allen Teilen der Welt.

Es hat die Kirchenoberen nicht geschert, dass dieses Gebaren in krassem Widerspruch zu der Lehre Jesu steht, der ein Leben in Bescheidenheit und Genügsamkeit gepredigt hat, vor allem aber ein Leben im Dienst der Armen und Hilfsbedürftigen. Jeder möge selbst urteilen, wie das miteinander zu vereinbaren ist.

Persönliche Anmerkung:

Ich vermute, dass von all' dem immensen Reichtum nicht viel übrig bleiben würde, wenn die Katholische Kirche alle Besitztümer, die sie auf unrechtmäßige Weise (als Beute von Kriegszügen, durch Aneignung von Opfern ihrer zigtausendfachen Schandtaten etc.) erlangt hat, zurückgeben und für all' das Unrecht, das sie in der Vergangenheit auf andere Weise begangen hat, haften und Entschädigung leisten müsste! Wer für diese Behauptung Belege verlangt, sollte sich bei Karlheinz Deschner kundig machen!

Selbst der Grund und Boden des Kirchenstaats in Rom ist offenbar nicht rechtmäßig in den Besitz der Kirche gelangt. Wie wir seit langem wissen, ist die Behauptung der Katholischen Kirche, Kaiser Konstantin habe ihr das Gelände um den Vatikan in einer Schenkungsurkunde übertragen, von Historikern widerlegt worden (Quelle: Wikipedia unter „Konstantinische Schenkung").

- Der Umgang der Kirche mit dem Kindesmissbrauch von katholischen Geistlichen

In jüngerer Zeit ist bekanntgeworden, in welchem Ausmaß innerhalb der Kirche Kinder Opfer von Missbrauch durch Geistliche geworden sind und wie skandalös die Kirchenoberen mit diesem verbrecherischen Fehlverhalten ihrer Priester umgegangen sind.
Eine vor wenigen Jahren von der Deutschen Bischofskonferenz vorgestellte Studie hat ergeben, dass zwischen 1946 und 2014 mindestens 1670 katholische Kleriker 3677 meist männliche Minderjährige missbraucht haben sollen.

Den kirchlich Verantwortlichen wird darin vorgeworfen, den Verdachtsgründen bezüglich sexuellen Missbrauchs an Kindern durch Geistliche teilweise nicht oder nur unzureichend nachgegangen zu sein und die betroffenen Geistlichen – zumindest teilweise – nicht wirksam an der weiteren Ausübung ihrer kriminellen

Neigungen gehindert zu haben, im Übrigen sollen auch bei entsprechenden Verdachtshinweisen keine Anzeigen gegenüber den Ermittlungsbehörden erstattet worden sein, Näheres dazu im Anhang.

11. Was hat die KK den Gläubigen heute noch zu bieten?

Es stellt sich abschließend die Frage, ob die Katholische Kirche und der christliche Glaube nicht - trotz allen Einwänden - auch heute noch den Menschen etwas bieten kann, was für ihr Leben oder für die Gemeinschaft aller Menschen von Belang ist bzw. als bereichernd anzusehen ist.

• Spricht die katholische Glaubenslehre die Menschen noch an?

Wir nehmen zunehmend wahr, dass die christliche Glaubenslehre im Zuge neuerer Erkenntnisse der Wissenschaften in den letzten 250 Jahren nicht nur stark an Glaubwürdigkeit verloren hat, sondern dass die Vorstellung von Gott als allmächtigem Wesen und Schöpfer der Welt schwindet und zur Erklärung der (physischen) Welt nicht mehr gebraucht wird.

Wir haben heute für nahezu alle Dinge in der realen Welt, die früher als rätselhaft angesehen wurden und Menschen sich nicht anders als durch göttlichen Eingriff erklären konnten, eine natürliche Erklärung. Das Denken der Menschen in heutiger Zeit ist weitgehend geprägt von dem, was uns die Geistes- und Naturwissenschaften an Erkenntnissen vermitteln. Die Menschen nehmen überwiegend das Leben, wie es ist und flüchten sich weniger denn je in Phantasievorstellungen. Auch wenn sie häufig ihren Glauben noch in kirchlichen Bräuchen aufrechterhalten, fehlt ihnen doch immer mehr eine innere Bindung an religiöse Gebote.

Das macht ein völliges Umdenken notwendig, dazu ist die Kirche nicht in der Lage. Sie ist unfähig, die durch wissenschaftliche Erkenntnisse widerlegten Lehrinhalte aufzugeben, wohl wissend, dass damit ihr Glaubensgebäude in sich zusammenfallen würde.

Um ihre Einheit zu wahren, hat die katholische Kirche die Kerninhalte ihrer Glaubenslehre zu Dogmen erhoben. Sie muss nun erfahren, dass etliche ihrer Glaubensinhalte heute rational nicht mehr vermittelbar sind, sieht sich aber dem Dilemma ausgesetzt, zwecks Selbsterhalts an diesen Verkündigungen festhalten zu müssen. Indem die katholische Kirche an ihren angreifbaren Lehrinhalten festhält, nimmt sie in Kauf, dass sich mit der Zeit immer mehr - vernunftgeleitete - Menschen von ihr abwenden.

<u>Fazit:</u> Die Glaubenslehre der Katholischen Kirche hat daher nur noch für gläubige Menschen Bedeutung, die bereit sind,

sich kirchlicher Autorität zu unterwerfen und sich in Glaubensangelegenheiten rationaler Kritik verschließen.

- Welche Überzeugungskraft haben christliche Werte heute noch für die Menschen in unserer Gesellschaft?

Die Katholische Kirche war eine über viele Jahrhunderte anerkannte Instanz für moralisch-sittliche Wertvorstellungen. Mit einzelnen ihrer Verkündigungen (den 10 Geboten, dem Gebot zur Nächstenliebe, den ethischen Forderungen in der Bergpredigt und an anderen Stellen) hat sie unwidersprochen zu beachtlichen Fortschritten in der Entwicklung der Menschheit in Bezug auf ein sittliches, moralisches Leben der Menschen beigetragen.

Allerdings hat es bereits in vorchristlicher Zeit philosophische Lehren gegeben, die das christliche Ethos nach heutigen Maßstäben noch weit übertrafen. Erst recht heben sich die in der Neuzeit entwickelten ethischen Wertvorstellungen fundamental von den archaischen christlichen Moralvorstellungen ab. Die heutige Werteordnung in Bezug auf Staat, Gesellschaft und Familie ist im Zuge der Verbreitung des Geistes der Aufklärung und anderer philosophischen Strömungen nicht mehr die alte wie vor 2000 Jahren.

Zu den von den Menschen heute in den westlichen Demokratien weitestgehend akzeptierten ethisch-moralischen Wertvorstellungen zählen Begriffe wie die ‚Unantastbarkeit der Menschenwürde', ‚Allgemeine Menschenrechte' und die 'Gleichberechtigung der Geschlechter' die zu Christi Zeiten noch völlig unbekannt waren und die im Wesentlichen gegen den Widerstand der Katholischen Kirche in das allgemeine Bewusstsein der Menschen Eingang gefunden haben.

Zur Geschichte der Katholischen Kirche gehört, dass sie in der Vergangenheit die philosophische Bewegung der Aufklärung mit allen Mitteln bekämpft und die Anerkennung von Menschenrechten bis in die Mitte des 20. Jahrhunderts verweigert hat. Die Forderung nach vollwertiger Gleichberechtigung der Frauen hat sie sich bis heute nicht zu eigen gemacht.

Die Katholische Kirche hält starrköpfig an ihren antiken moralischen Anforderungen an das Leben der Menschen fest, dazu zählen:

o   die prinzipielle Unauflöslichkeit der Ehe,
o   die strikte Ablehnung von Sex vor der Ehe, von jeglicher Verhütung und von Abbrüchen von Schwangerschaften,
o   die Verurteilung von Homophilie,
o   die Ablehnung von Selbsttötungen von Menschen in Ausübung ihres Selbstbestimmungsrechts,

o die Ablehnung der Gleichberechtigung von Frauen bezüglich des Zugangs zu geistlichen Ämtern.

Die Katholische Kirche zeigt sich bei diesen Themen unbeeindruckt vom Zeitgeist, der von wesentlich fortschrittlicheren Ideen geprägt ist. Damit entfernt sie sich immer mehr von Ihren Gläubigen, die - zumindest zu einzelnen der angesprochenen Themen - mit überwältigender Mehrheit und mit vollem Recht einen substanziellen Wandel auch in der ethisch-moralischen Ausrichtung der Kirche fordern.

Fazit: Die Katholische Kirche ist hierzulande weniger denn je in der Lage, mit ihren antiken sittlich-moralischen Vorstellungen zu überzeugen und verliert damit auch auf diesem Gebiet zunehmend ihre Stellung als anerkannte Autorität.

• Ist die Kirche als einer der bundesweit größten Träger sozialer Einrichtungen unersetzbar?

Die Katholische Kirche widmet sich in sehr verdienstvoller Weise der Fürsorge von Menschen. Der christliche Glaube der Menschen ist sicher in vielen Fällen ein wichtiger Grund dafür, dass sich Menschen diese Aufgabe zum Lebensinhalt machen.

Es gibt allerdings auch viele Menschen, denen es auch ohne eine religiöse christliche Einstellung ein von Herzen kommendes Anliegen ist, sich um das Wohl anderer Menschen sowie um die Pflege von Kranken und Hilfsbedürftigen zu kümmern. Das tun Menschen schließlich unabhängig davon, ob sie einem christlichen oder anderen oder keinem Glaubensbekenntnis angehören, in jeder Region der Welt. Die Welt müsste daher nicht auf dringlich benötigte soziale Dienstleistungen verzichten, wenn es eine Welt ohne Katholische Kirche gäbe.

Resümee: Nach alledem haben sich Religion und Kirche im Bewusstsein vieler Menschen weitgehend überlebt, weil die Glaubwürdigkeit der Kirche und die Überzeugungskraft ihrer Lehre zunehmend in Frage gestellt wird. Eine Welt ohne Katholische Kirche und ohne christliche Glaubenslehre ist denkbar geworden.


12. Welche Schlussfolgerungen bzw. Forderungen ergeben sich aus den erhobenen Befunden?

- Die Rechtsbeziehungen zwischen der BRD und dem Vatikan müssen neu vertraglich ausgehandelt werden!

Unsere Verfassung garantiert in Artikel 4 GG den Glaubensgemeinschaften Religionsfreiheit, setzt aber mit der verfassungsmäßigen Grundordnung zugleich einen

Rahmen, an den sich prinzipiell auch die Katholische Kirche zu halten hat. Nach Art. 123 Abs.2 GG gilt allerdings der 1933 zwischen dem Deutschen Reich und der Katholischen Kirche geschlossene Staatsvertrag fort, der ihr bestimmte Sonderrechte einräumt.

Da sich die Sichtweise auf das Verhältnis von Staat und Kirche inzwischen grundlegend verändert hat, sollte das Konkordat mit dem Vatikan gekündigt und die Beziehungen zwischen der Bundesrepublik Deutschland und dem Vatikan auf eine neue rechtliche Grundlage gestellt werden.

Dabei sollte das Ziel sein, die rechtliche Sonderstellung, die die Katholische Kirche gegenüber anderen Glaubensgemeinschaften genießt, konsequent abzubauen und eine strikte Trennung von Staat und Kirche vorzunehmen. Dazu wäre der Staat zwecks Wahrung der Neutralität in religiösen Angelegenheiten ohnehin verpflichtet. Die Einziehung von Kirchenbeiträgen von Mitgliedern der christlichen Kirchen durch staatliche Stellen wäre dann nicht mehr zulässig.

Auch sollten künftig für die Katholische Kirche in den Bereichen, in denen sie soziale Dienste anbietet oder am allgemeinen Rechtsleben teilnimmt, dieselben Regeln gelten wie für andere private Akteure.

Es sollte zudem geprüft werden, ob die Kirche weiterhin als öffentlich-rechtliche Einrichtung fortbestehen soll und die seit Jahrhunderten vom Staat gewährte generelle Befreiung von Steuern auf ihre Einnahmen (entspricht jährlich etwa 2,75 Milliarden Mindereinnahmen / Quelle: Wikipedia)) heute noch gerechtfertigt ist. Ferner sollte endlich der in Art.140 GG iVm. Art.138 der Weimarer Verfassung verankerte Staatsauftrag umgesetzt und die Staatsleistungen an die Kirchen eingestellt werden.

- Die Katholische Kirche muss sich von Bibelstellen, die Krieg und Gewalt rechtfertigen, eindeutig distanzieren!

Wie wir aus der Geschichte wissen, aber auch in heutigen Tagen immer wieder erleben, können religiöse Einstellungen von Menschen Ursache von Haß, Fanatismus, Kriegen und gewalttätigen Übergriffen auf Andersdenkende sein. Religionen müssen daher in hohem Maße darauf bedacht sein, keine Glaubensinhalte zu verkünden, die als Diskriminierung Andersgläubiger oder als Aufforderung bzw. Rechtfertigung von Gewalt herhalten können.

Damit muss sich die Katholische Kirche von den vielen Textstellen im Alten Testament, in denen Gewalt gegen Ungläubige gerechtfertigt wird, eindeutig distanzieren. Nur so kann sie verhindern, dass unter Berufung auf diese

Bibelverse wieder Schandtaten verübt oder Glaubenskriege mit dem Schlachtruf ‚Gott will es' geführt werden.

- Bildungspolitische Forderungen

Die Menschen müssen in ihrem Urteilsvermögen in religiösen - und weltanschaulichen - Angelegenheiten besser geschult werden.

o Neubestimmung des staatlichen Bildungsauftrags bezüglich der zu vermittelnden religiösen und weltanschaulichen Bildungsinhalte

Der Staat hat einen umfassenden Bildungsauftrag, der aus meiner Sicht auch zum Ziel haben muss, schulpflichtige Kinder in Fragen von Religion, Glaube und Weltanschauungen zu aufgeklärten, mündigen Bürgern zu erziehen. Religiöse Bekenntnisse sollten daher zusammen mit philosophischen und weltanschaulichen Lehren Gegenstand einer am Ideal der Aufklärung ausgerichteten Wissensvermittlung im Schulunterricht sein, damit junge Menschen ein solides Grundwissen erwerben, um sich in der heutigen Welt, in der sehr unterschiedliche Ansichten über Gott und die Welt vertreten werden, zurechtzufinden und nicht Opfer von Irrlehren zu werden.

Die vielfach noch praktizierte religiöse Erziehung von Kindern im Sinne einer bestimmten Glaubenslehre ist nach meinem Verständnis nicht staatliche Aufgabe und gehört nicht in den Schulunterricht.

o Bessere Schulung der Kinder in der Fähigkeit, ihren Verstand zu gebrauchen

Wenn die christlichen Religionen in unserer Gesellschaft heutzutage noch immer Glaubensinhalte verkünden können, die gegen Denk- oder Naturgesetze verstossen, und sie trotzdem in großen Teilen der Bevölkerung noch Zuspruch finden, frage ich mich, wie es allgemein um die Urteilsfähigkeit von Menschen bestellt ist und wie man das ändern kann.

Ich denke, dass man erstens durch einen kritischen Umgang mit den Glaubensinhalten mehr Aufklärung betreiben muss. Hinzukommen muss aber auch eine gezielte Förderung der geistigen Entwicklung junger Menschen mit dem Ziel, Ihnen beizubringen, in angemessener (vernünftiger) Weise von ihrem Verstand Gebrauch zu machen.

Junge Menschen müssen lernen, in ihrem Leben richtige - wohl überlegte - Entscheidungen zu treffen und zu diesem Zweck die Fähigkeit entwickeln, zwischen richtig und falsch, wahr und unwahr, gut und schlecht etc. unterscheiden zu können. Die dazu notwendigen Kompetenzen zu vermitteln ist sicher die Aufgabe der

Eltern, liegt aber auch im Interesse der Allgemeinheit und sollte daher als Aufgabe der staatlichen Bildungspolitik eine hohe Priorität haben.

Die derzeitigen Bildungskonzepte sind offenkundig nicht in der Lage, junge Menschen so zu qualifizieren, dass sie gegen religiöses oder weltanschauliches irrationales Gedankengut immun sind. Zum Beleg dafür weise ich auf den großen Zuspruch hin, den nicht nur weltfremde Glaubensgemeinschaften, sondern auch etliche abstruse weltanschauliche Bewegungen für Ihre teilweise absurden Lehren bzw. Theorien finden: gemeint sind vor allem Gruppierungen, die Verschwörungstheorien, Fake'-Fakten, den Glauben an dunkle (geheime) Mächte, an esoterischen Humbug oder sonstigen Irrsinn verbreiten.

Ich sehe insoweit eine große Herausforderung an die staatliche Schul- und Bildungspolitik, diesen Auswüchsen an Unverstand mit geeigneten Konzepten entschlossen entgegenzuwirken.

Schlussbemerkung:

In unserer Gesellschaft wird viel von dem angeblich hohen Gut überlieferter (jüdisch-) christlicher Werte gesprochen, die unseren westlichen Kulturkreis noch heute prägen. Häufig bleibt unklar, was damit überhaupt gemeint ist. Ich selbst habe zudem meine Zweifel, ob dem christlichen Erbe zurecht ein solches Verdienst vorbehaltlos zugesprochen werden kann (nähere Ausführungen dazu im Anhang).

Ich denke, dass es in heutiger Zeit weitaus angemessener wäre, die Werte unserer von den Ideen der Neuzeit geprägten demokratischen Verfassung - dem Grundgesetz - hoch zu halten und zur allgemeinen Richtschnur für ethische, soziale und politische Grundfragen zu nehmen: insbes. das Rechtsstaatsprinzip, die Unantastbarkeit der Menschenwürde, das Selbstbestimmungsrecht, die Garantie von Grund- und Freiheitsrechten, das Prinzip der Gleichberechtigung der Geschlechter, aber auch die strikte Trennung von Staat und Kirche.

# Anhänge

# Ethisch fragwürdige bzw. anstößige Bibelverse
## (kleine Auswahl)

1.  „Und Gott sprach: *Lasst uns Menschen machen, ein Bild, das uns gleich sei, die da herrschen über die Fische im Meer und über die Vögel unter dem Himmel und über das Vieh und über die ganze Erde und über alles Gewürm, das auf Erden kriecht.*" 1. Mose 1:26

    „Und Gott segnete sie und sprach zu ihnen: *Seid fruchtbar und mehret euch und füllt die Erde und macht sie euch untertan und herrscht über die Fische im Meer und über die Vögel unter dem Himmel und über alles Getier, das auf Erden kriecht.*" 1. Mose 1:28

    Ich sehe in diesen beiden Versen keinen Beleg für eine von göttlicher Weisheit zeugende Botschaft eines Weltenschöpfers, da der christliche Gott hier als ein nur den Menschen besonders zugetanes Wesen dargestellt wird, der es ihrem Eigennutz überlässt, nach Gutdünken über seine Schöpfung zu verfahren.
    Ich vermisse hier - als sichtbares Zeichen einer wahren göttlichen Offenbarung - eine klare Ansage an die Menschen, verantwortlich mit der Natur und ihren Geschöpfen umzugehen.

2.  *„Da sah Gott auf die Erde, und siehe, sie war verderbt; denn alles Fleisch hatte seinen Weg verderbt auf Erden.*

*Da sprach Gott zu Noah: Alles Fleisches Ende ist vor mich gekommen; denn die Erde ist voll Frevels von ihnen; und siehe da, ich will sie verderben mit der Erde."* 1. Mose 6:12-13

*„Denn siehe, ich will eine Sintflut mit Wasser kommen lassen auf Erden, zu verderben alles Fleisch, darin ein lebendiger Odem ist, unter dem Himmel. Alles, was auf Erden ist, soll untergehen."* 1. Mose 6:17

*„Und die Männer sprachen zu Lot: „Hast Du noch irgend hier einen Eidam und Söhne und Töchter, und wer dir angehört in der Stadt, den führe aus dieser Stätte. Denn wir werden diese Stätte verderben, darum dass ihr Geschrei groß ist vor dem HERRN; der hat uns gesandt, sie zu verderben."* 1. Mose 19:12-13

*„Und die Sonne war aufgegangen auf Erden, da Lot nach Zoar kam. Da ließ der HERR Schwefel und Feuer regnen vom Himmel herab auf Sodom und Gomorra und kehrte die Städte um und die ganze Gegend und alle Einwohner der Städte und was auf dem Lande gewachsen war. Und sein Weib sah hinter sich und ward zur Salzsäule."* 1. Mose 19:23-26

Diese Verse offenbaren eine zutiefst unmenschliche Moral und sind nichts weniger als verachtungswürdig.

3. „Nach diesen Geschichten versuchte Gott Abraham und sprach zu ihm: *Abraham!* Und er antwortete: *Hier bin ich.* Und er sprach: *Nimm Isaak, deinen einzigen Sohn, den du liebhast, und gehe hin in das Land Morija und opfere ihn daselbst zum Brandopfer auf einem Berge, den ich dir sagen werde.*" 1. Mose 22:1-2

„*Und als sie kamen an die Stätte, die ihm Gott gesagt hatte, baute Abraham daselbst einen Altar und legte das Holz darauf und band seinen Sohn Isaak, legte ihn auf den Altar oben auf das Holz und reckte seine Hand aus und fasste das Messer, dass er seinen Sohn schlachtete.*" 1. Mose 22:9-10

Gott greift zwar im letzten Moment ein und veranlasst, dass Abraham von seinem Tun ablässt, lobt ihn aber mit den Worten:
„*Lege deine Hand nicht an den Knaben und tue ihm nichts; denn nun weiß ich, dass du Gott fürchtest und hast deines einzigen Sohnes nicht verschont um meinetwillen.*" 1. Mose 22:12

Diese herzlose und verabscheuungswürdige Geschichte einer göttlichen Prüfung zeigt in schamloser Weise auf, wie bedingungslos sich Gläubige dem Willen Gottes zu unterwerfen haben und zu welch' schändlichen Taten sie bereit sein müssen, um ihm zu gefallen. Abraham wird damit zum Sinnbild eines skrupellosen Glaubenseiferers.

4. *„Nach dem Tod fragten die Kinder Israels den HERRN Und sprachen: Wer soll unter uns zuerst hinaufziehen, Krieg zu führen wider die Kanaaniter? Der HERR sprach: Juda soll hinaufziehen. Siehe, ich habe das Land in seine Hand gegeben... Da nun Juda hinaufzog, gab der Herr die Kanaaniter und Pheresiter in ihre Hände, und sie schlugen zu Besek zehntausend Mann."*
Richter 1:1-2, 4

*„Und des HERRN Wort geschah zu mir und sprach: Du Menschenkind, so spricht der HERR vom Lande Israel: Das Ende kommt, das Ende über alle vier Örter des Landes. Nun kommt das Ende über dich; denn ich will meinen Grimm über dich senden und will dich richten, wie du es verdient hast, und will dir geben, was allen deinen Gräueln gebührt. Mein Auge soll dein nicht schonen noch übersehen... und deine Gräuel sollen unter dich kommen, dass ihr erfahren sollt, ich sei der HERR."*
Hesekiel 7:1-4

Im Alten Testament finden sich zahlreiche weitere Textstellen, in denen Gott zum Krieg gegen die Feinde Israels aufruft, um an ihnen Rache zu üben und sie gnadenlos niederzumetzeln. Es wird hier eine abstoßende Steinzeitmoral verkündet, die über viele Jahrhunderte Bestandteil der christlichen Glaubenslehre war und viel Unheil (Glaubenskriege, ‚Kreuzzüge' mit dem Schlachtruf 'Gott will es') über die Welt gebracht hat.

5. *„Wenn aber des Menschen Sohn kommen wird in seiner Herrlichkeit und alle heiligen Engel mit ihm, dann wird er sitzen auf dem Stuhl seiner Herrlichkeit, und werden vor ihm alle Völker versammelt werden. Und er wird sie voneinander scheiden, gleich als ein Hirte die Schafe von den Böcken scheidet, und wird die Schafe zu seiner Rechten stellen und die Böcke zu seiner Linken."*
*Matthäus 25:31-33*

*„Und der König wird antworten und sagen zu ihnen: Wahrlich ich sage euch: Was ihr getan habt einem unter diesen meinen geringsten Brüdern, das habt ihr mir getan. Dann wird er auch sagen zu denen zur Linken: Gehet hin von mir, ihr Verfluchten, in das ewige Feuer, das bereitet ist, dem Teufel und seinen Engeln!"*
*Matthäus 25:40-41*

Die Androhung ewiger Höllenqualen ist zutiefst unmenschlich und ein beschämendes Zeugnis gläubiger Verblendung. Diese angeblich göttliche Botschaft steht auch in krassem Widerspruch zu Jesu Verkündigungen an seine Anhänger ‚Liebe deinen Nächsten wie dich selbst!' und ‚Liebet eure Feinde!'.

6. *„Er aber sprach zu ihnen: Wahrlich ich sage euch: Es ist niemand, der ein Haus verlässt oder Eltern oder Brüder oder Weib oder Kinder um des Reiches Gottes*

*willen, der es nicht vielfältig wieder empfange in dieser Zeit, und in der zukünftigen Welt das ewige Leben."*
Lukas 18:29-30

*„Ihr sollt nicht wähnen, dass ich gekommen sei, Frieden zu senden auf die Erde. Ich bin nicht gekommen, Frieden zu senden, sondern das Schwert. Denn ich bin gekommen, den Menschen zu erregen gegen seinen Vater und die Tochter gegen ihre Mutter und die Schwiegertochter gegen ihre Schwiegermutter."*
*„Wer Vater oder Mutter mehr liebt denn mich, der ist mein nicht wert; und wer Sohn oder Tochter mehr liebt denn mich, der ist mein nicht wert."*
Matthäus 10:34-35, 37

Diese Textstellen liefern weitere Beispiele dafür, zu welchen Irrwegen der Glaube an ein göttliches Wesen führen kann, wenn u.a. gefordert wird, sich voll und ganz dem christlichen Glauben zu verschreiben und diese Pflicht über die liebevolle Verbundenheit zwischen Eltern und Kindern zu stellen.

7. *„Wer Menschenblut vergießt, des Blut soll auch durch Menschen vergossen werden; denn Gott hat den Menschen zu seinem Bilde gemacht."* 1. Mose 9:6

*„Schaden um Schaden, Auge um Auge, Zahn um Zahn, wie er hat einen Menschen verletzt, so soll man ihm wieder tun." 3. Mose 24:20 (ähnlich 5. Mose 19:21)*

Jesus hat sich zu diesen Versen wie folgt geäußert:

*„Ihr habt gehört, dass da gesagt ist: Auge um Auge, Zahn um Zahn. Ich aber sage euch, dass ihr nicht widerstreben sollt dem Übel; sondern, so dir jemand einen Streich gibt auf deinen rechten Backen, dem biete den andern auch dar. Und so jemand mit dir rechten will und deinen Rock nehmen, dem lass auch den Mantel."*
Matthäus 5:38,39

Diese Botschaft Jesu ist von der Katholischen Kirche lange Zeit nicht als klare und prinzipielle Absage an eine Gewaltanwendung gegenüber Mitmenschen verstanden worden. Stattdessen hat sich die Katholische Kirche noch bis in jüngste Zeit – zumindest teilweise - an die Aussagen im alten Testament gehalten und z.B. gegen staatlich verhängte Todesstrafen in bestimmten Fällen keine Bedenken erhoben. Erst Papst Franziskus hat im Juni 2016 die Todesstrafe unter allen Umständen verurteilt.

In ihrer langen Geschichte hat die Katholische Kirche über viele Jahrhunderte auch Kriege gegen Andersgläubige sowie die Anwendung von Folter, von körperlichen Strafen und von Bestrafungen mit dem Tod für legitim angesehen, und das nicht nur zur Verteidigung gegenüber Angreifern, die Gewalt gegen Mitmenschen verübt haben.

8. „Er aber sprach: *So gebet dem Kaiser, was des Kaisers ist, und Gott, was Gottes ist!*"
Lukas 20:25 (ähnlich: Matthäus 22:21, Markus 12:17)

Aus diesen Worten hat die Katholische Kirche die feste Glaubensüberzeugung abgeleitet, nach der die jeweiligen staatlichen Gegebenheiten in den Ländern der Welt Ausdruck einer gottgewollten Ordnung sind und die Menschen sich mit diesen Verhältnissen und dem ihnen darin zugedachten Los (Leben in Armut, Sklaverei und völliger Rechtlosigkeit) abzufinden haben.

Mit dieser Einstellung hat die Kirche bis in das 20. Jahrhundert immer wieder aus rein opportunistischen Gründen ihren 'Frieden gemacht' mit nicht rechtsstaatlichen Systemen, und es dabei häufig unterlassen, ihre Stimme lautstark gegen Willkür, Unterdrückung, Unfreiheit und Ungerechtigkeit zu erheben.

Abschlussbemerkung: An dieser Stelle, verehrte Leserinnen und Leser, gestatten Sie mir, dass ich mich einmal an Sie direkt wende. Wenn Sie über die hier zitierten Bibelverse kurz nachdenken, stellen Sie sich da nicht auch die Frage, ob diese Texte wirklich mit ihrem persönlichen Bild von einem gütigen Gott vereinbar sind?

<u>Meine Antwort lautet:</u> Wenn die Katholische Kirche mit ihrer Verkündigung eines allmächtigen und barmherzigen Gottes glaubwürdig sein will, muss sie sich von diesen und vielen ähnlich anstößigen Versen, die das Produkt eines fehlgeleiteten Glaubens aus der Frühzeit der Kirche sind, eindeutig distanzieren. Dazu scheint sie allerdings offenkundig nicht bereit zu sein.

## Ist der 'Liebe Gott', wie ihn die KK lehrt, nur ein Trugbild menschlicher Vorstellungskraft?

In der Bibel finden sich an zahlreichen Stellen Schilderungen von Begebenheiten, in denen Gott sich Menschen ‚offenbart‘ und ihnen ‚heilige‘ Botschaften übermittelt haben soll.

Auch heute noch tauchen gelegentlich Berichte von Erweckungserlebnissen gläubiger Christen auf, in denen behauptet wird, im Zwiegespräch mit Gott zum christlichen Glauben bekehrt worden zu sein. Was ist davon zu halten? Sind diese Zeugnisse ein tragfähiger Beweis dafür, dass es den Gott der Bibel gibt?

Ich halte die Geschichten für völlig abgehoben. Wenn man die Berichte über religiöse Erfahrungen rational einordnen will, wird man wohl nach einer psychologischen (oder psychiatrischen) Erklärung suchen müssen.

Zur Frage, ob es den allmächtigen und gütigen Gott des Christentums gibt, der die Menschen im Gebet erhört, Ihnen beisteht und ihnen ein ewiges Leben verleihen kann, lässt sich bei 'nüchterner' Betrachtung folgendes sagen:

Gott gibt sich den Menschen nicht zu erkennen, er kommuniziert auch nicht mit ihnen. Es gibt keinerlei Hinweise, die geeignet sind, seine Existenz und die ihm von der Katholischen Kirche zugeschriebenen Eigenschaften -

Allmacht, Allwissenheit, Schöpfer der Welt, Barmherzigkeit - glaubhaft zu bezeugen.

Die Welt ist nicht - wie in der Bibel berichtet - durch einen göttlichen Schöpfungsakt in sechs Tagen entstanden. Genauso unwahr ist die naive Geschichte, nach der Gott mit Adam und Eva die ersten Menschen erschaffen habe.

Gott greift auch nicht in das Geschehen in der Welt ein, vielmehr nehmen alle Dinge des Lebens entsprechend den Naturgesetzen einen natürlichen Verlauf; das heisst auch, dass jeder sein Schicksal im Widerspruch zur christlichen Lehre ohne Hoffnung auf göttlichen Beistand tragen muss (es gibt keine Wunder!). Weder Gebete noch Fürbitten können irgend etwas auf der Welt bewirken.

Ein ewiges Leben, das die Katholische Kirche ihren Gläubigen in Aussicht stellt, ist nach allem, was der Verstand uns sagt, nicht möglich, der Glaube daran ist weltfremdes Wunschdenken.

Aus welchen Gründen – so frage ich - sollten die Menschen demzufolge an den ‚lieben Gott' im Himmel glauben?

# Schluß mit dem Wunderglauben!

1. Die in den Evangelien als Teil einer angeblich göttlichen Offenbarung verkündeten Wundergeschichten rund um das Leben und Wirken Jesu sind zentraler Bestandteil der christlichen Glaubenslehre: die unbefleckte Empfängnis Marias, die Geburt von der Jungfrau Maria, die Wundertätigkeit Jesu, seine leibliche Auferstehung und Himmelfahrt und sein leibliches Wiedererscheinen vor Maria Magdalena und den Jüngern.

Wer das glaubt, verschließt die Augen vor dem, was uns Menschen unser Verstand sagt: nämlich der Lehre zu folgen, die sichere Erkenntnis auf der Basis von Beobachtungen und wissenschaftlichen Experimenten möglich macht: den Naturwissenschaften!

Danach kann es auf der Welt keine Wunder (Geschehnisse ohne eine natürliche physikalische Ursache) geben. Wenn es keine Beweise oder zumindest plausiblen Hinweise auf eine solche Ursache (physikalische Kraft) gibt, dann kann man ein wundersames bzw. übernatürliches Phänomen nicht einfach postulieren bzw. unterstellen. Ein solches Vorgehen wäre willkürlich und irreführend (siehe auch S. 104ff!).

2. Für Gläubige sind die in den Evangelien berichteten Geschehnisse göttliche Offenbarungen und damit

unbezweifelbare Glaubenswahrheiten. Wer diese Wahrheiten infrage stellt, dem wird entgegengehalten, dass sich niemand über Gottes Wort erheben und seine Wahrhaftigkeit in Zweifel ziehen kann.

Dabei treten Kirchenvertreter mitunter in kaum zu überbietender Selbstgefälligkeit und Arroganz auf, weil sie meinen, jeden Zweifel an den um die Person Jesu rankenden Wundergeschichten damit abwehren zu können, es handele sich doch um heilige, von Gott inspirierte Texte, wer könne sich da als Mensch erdreisten, an der Wahrhaftigkeit der geschilderten Begebenheiten zu zweifeln. Diesen Leuten sei folg. gesagt:

Wer an einen Gott der Schöpfung und der Erschaffung der Menschen glaubt, wird wohl der Auffassung zustimmen müssen, dass Gott den Menschen mit Bedacht die Fähigkeit verliehen hat, den Verstand zu gebrauchen und mit dessen Hilfe sich ein Bild von der Welt zu machen. Die auf diese Weise erlangten Erkenntnisse und Einsichten über uns Menschen und die Erscheinungen in der Welt hätten dann sicher auch - so darf man in Anlehnung an das christliche Argumentationsmuster wohl folgern – den 'göttlichen Segen'.

Kirchlicher Hochmut zur Verteidigung der christlichen Glaubenslehre gegen rationale Kritik ist daher fehl am Platze.

3. Der christliche Wunderglaube verstößt gegen gesicherte naturwissenschaftliche Erkenntnisse, die für uns Menschen das unverzichtbare, sichere Fundament der Orientierung in der Welt sind, und ist daher abzulehnen.

Nach den Grundregeln der Logik („Gesetz der Widerspruchsfreiheit") können von zwei Aussagen, die sich gegenseitig widersprechen, zwar beide falsch, aber nur eine kann richtig (wahr) sein.

Wenn wir demnach einmal hypothetisch in Betracht ziehen, dass die Annahme der Kirche, die Wundergeschichten seien wahr, richtig ist, dann müsste die - evidenzbasierte - Aussage von Naturwissenschaftlern, dass in dieser Welt die Naturgesetze herrschen und Wunder danach nicht möglich sind, falsch sein.

Wenn alle Menschen so denken würden, hätte das folgenreiche Konsequenzen, da in diesem Fall die einzig verlässliche Erkenntnisquelle für das Wissen über die Welt - unser Verstand - sich in Fällen, in denen rationales Denken in Konflikt mit religiösen Glaubenswahrheiten gerät, kaum mehr durchsetzen könnte und zu befürchten wäre, dass die Welt unter dem Einfluss von dogmatischen Glaubenslehren in mittelalterliche Ignoranz und zivilisatorischen Stillstand zurückfiele.

Die Menschen müssen sich also entscheiden:

- Auf der einen Seite steht ein subjektiver, tief religiös begründeter Glaube an Wunder.

Dieser Glaube stützt sich auf angebliche göttliche Offenbarungen aus antiker Zeit. Diese Quellen verdienen aus rationaler Sicht kein (großes) Vertrauen, da den Menschen zu jener Zeit die Naturgesetze noch nicht bekannt waren.

Es bleibt auch festzustellen, dass die Katholische Kirche nicht einen einzigen rational begründeten Beweis bzw. glaubhaften Beleg dafür erbracht hat, dass in dieser Welt jemals ein Wunder geschehen ist. Folglich sind die christlichen Wundergeschichten im Zusammenhang mit der Geburt Jesu, seiner Auferstehung nach dem Tod und einer mysteriösen 'Himmelfahrt' wenig glaubwürdig.

- Demgegenüber steht auf der anderen Seite ein objektives, mit wissenschaftlichen Methoden erforschtes, vielfach bewährtes und für jedermann nachvollziehbares Wissen über die Welt und die in ihr wirkenden Naturkräfte. Danach gibt es keine Wunder.

Dieses Wissen ist nach wissenschaftlichem Selbstverständnis jederzeit überprüfbar und revidierbar. Solange die bestehenden Naturgesetze Geltung genießen, darf man ihnen daher uneingeschränkt vertrauen (weitere Ausf. dazu auf Seite 104ff).

Dem Verstand mit seiner einzigartigen Fähigkeit, die Welt zu erkunden und deren Geheimnisse zu entschlüsseln, verdankt die Welt schließlich ihren zivilisatorischen Fortschritt und den neuzeitlichen Wertewandel in Staat und Gesellschaft (als Folge der Befreiung des Geistes von den Fesseln des christlichen Glaubens).

Es sei auch daran erinnert, dass die Katholische Kirche schon wiederholt mit ihren Versuchen, die Welt mithilfe ihrer antiken Glaubensinhalte zu erklären, gescheitert ist (z.B. mit der Schöpfungsgeschichte, der Erschaffung von Adam und Eva und mit dem geozentrischen Weltbild).

Mein Fazit lautet daher: Man darf zwar alles glauben, darf aber nicht erwarten, dass religiöser Zauber von Menschen mit Verstand ernst genommen wird.

4. Die Entlarvung der sich um die Person Jesu rankenden Wundergeschichten als frommes Märchen bringt die christliche Glaubenslehre in äußerste Bedrängnis, da damit ihr Glaubensfundament - der Glaube an Jesus als Mensch und zugleich göttlicher 'Erlöser' in sich zusammenfällt.

Dieser Befund ist natürlich nicht ganz neu. Die Katholische Kirche weiß, dass sie sich mit ihrer Christuslehre in einem Existenz bedrohlichen Dilemma befindet. Bislang hat sie dafür keine Lösung gefunden und verfährt nach dem Motto: den Verstand abschalten und die (nach unseren naturwissenschaftlichen Erkenntnissen) unwahren Wundergeschichten dem gläubigen Volk weiterhin als unbezweifelbare ‚Glaubenswahrheiten' verkünden.

Sie wird es in Zukunft - zumindest in weltoffenen Gesellschaften - schwer haben, mit ihrer Lehre noch Menschen anzusprechen und sich als große Weltreligion zu behaupten.

# Skandalon Katholische Kirche - unangenehme Wahrheiten!

1. Die KK ist eine in antiker Zeit entstandene männerdominierte, weltweit verbreitete religiöse Einrichtung mit autokratischen (demokratiefeindlichen) Strukturen. Sie trotzt beharrlich allen Bestrebungen zu substantiellen Veränderungen in ihrer Lehre und ihrer inneren Organisation, m.a.W., sie ist nicht reformfähig!

2. Die KK verkündet archaisches irrationales Gedankengut und eine fortschrittsfeindliche Weltanschauung.

   Ich Ihre Glaubensquellen beruhen zum Großteil auf Phantastereien von naiv gläubigen Menschen (die vor 2000 Jahren gelebt haben!) und aus Dogmen, die aus profan geführten Glaubenskämpfen entstanden sind. Ihr fehlt jede Legitimation dafür, die Menschen zu lehren, wie sie zu leben haben. Sie nimmt mit ihrer Fixierung auf ein Leben nach dem Tod den Menschen die Lust am wahren irdischen Leben.

3. Die KK pflegt einen höchst fragwürdigen Kult um sich selbst, indem sie von sich in der ihr eigenen (Un-) Bescheidenheit behauptet, in der Nachfolge Christi zu stehen, das Wort Gottes' (und damit den einzig wahren Glauben) zu verkünden und mit göttlichen Vollmachten

ausgestattet zu sein; ja sie erklärt sogar den Papst für unfehlbar, wenn er über eine Glaubensfrage endgültig entscheidet.

Es gibt gute Gründe, warum diese und viele andere religiöse Lehrinhalte einer rationalen Kritik nicht standhalten, s. Haupttext unter Ziff.6!

4.  Die KK stellt den Gläubigen ein ewiges Leben in Aussicht, obwohl der Aufmerksamkeit ihrer Amtsträger nicht entgangen sein kann, dass nach gesicherten naturwissenschaftlichen Erkenntnissen der menschliche Körper mit dem Tod in seine Milliarden von Molekülen und Atomen zerfällt und nichts von dem übrig bleibt, was menschliches Leben ausmacht.

5.  Die Kirche lehrt, ein Leben in Demut vor Gott zu führen – der Verstand ruft dazu auf: Führe ein selbstbestimmtes Leben (unter Wahrung der Rechte deiner Mitmenschen)!

Die Kirche fördert mit ihrer vorgelebten, Gott bedingungslos ergebenen Demutshaltung unter den Gläubigen eine alle Zweifel und Vernunftgründe ausschließende Mentalität von einem existenziellen Unterworfensein unter ein allmächtiges heiliges Wesen, das über die Menschen wacht und über sie bestimmt. Die Kirche weckt auf diese Weise insbes. bei Kindern eine große Ehrfurcht vor Gott, seiner Allmacht und den „heiligen" Texten, zugleich begründet sie auch eine gewisse Autoritätsgläubigkeit gegenüber den Verkündern dieser Glaubenslehre, den Geistlichen, die von sich (zu Unrecht!) behaupten, von Gott als weltliche Vermittler der christlichen Lehre eingesetzt zu sein. Die Kirche schafft sich so ein Heer von folgsamen Anhängern, die nicht oder kaum mehr imstande sind, die teilweise skurrilen religiösen Botschaften kritisch zu hinterfragen.

Die Vorstellung, man könne seinem irdischen Leben frei von jeder Bindung an fragwürdige religiöse Vorschriften in eigener Selbstbestimmung (und sozialer Verantwortung) einen den menschlichen Grundbedürfnissen und individuellen Neigungen entsprechenden Sinn geben und damit ein erfülltes Leben führen, bleibt ihnen häufig ein Leben lang fremd.

6. Die KK gerät mit ihrer Lehre in den Verdacht, simple Scharlatanerie zu betreiben, soweit sie den Menschen Wundergeschichten, die mit unserem Wissen um die in der Welt herrschenden Naturgesetze nicht wahr sein können, als ‚Glaubenswahrheiten‘ (= historisch wahre Begebenheiten) verkündet und auf diese Weise die Leichtgläubigkeit der Menschen und ihr Wunschdenken (auf ein durch göttliche Gnade mögliches Leben nach dem Tod) für Ihre Zwecke ausnutzt.

7. Die KK hat im Rahmen ihrer unsäglichen, über viele Jahrhunderte verlaufenden Kriminalitätsgeschichte

unermessliches Leid über die Menschheit gebracht und damit ihre Lehre von der Liebe und Barmherzigkeit Gottes auf schändliche Weise diskreditiert und als bloßes Lippenbekenntnis entlarvt. Ihre Glaubwürdigkeit ist damit dauerhaft beschädigt. Ihr haftet unauslöschlich der Ruf der Doppelzüngigkeit und Scheinheiligkeit an.

8.  Die Katholische Kirche hat, solange sie in ihrer 2000jährigen Geschichte die Macht dazu besaß, keinerlei Kritik an ihrer Einrichtung zugelassen und über alle Publikationen eine strenge Zensur ausgeübt.

Alle Schriftwerke wurden – in der Regel noch vor einer Veröffentlichung – daraufhin überprüft, ob die Inhalte mit der Glaubens- und Sittenlehre der Katholischen Kirche vereinbar sind. Über die Texte, die aus der Sicht der Kirche gegen ihren Codex verstießen, wurde bis Mitte des 20. Jahrhunderts in Rom ein Register („Index librorum prohibitorum") geführt, in dem auch Bücher von so bekannten Geistesgrössen wie Honoré de Balzac, René Descartes, Heinrich Heine, Immanuel Kant und Voltaire aufgelistet sind.

Die Aufnahme in den Index hatte zur Folge, dass diese Werke nicht veröffentlicht werden durften und Gläubigen unter Androhung der Exkommunikation (Ausschluss von bestimmten Kirchenrechten) verboten war, diese Schriften zu lesen. Diese Sanktion hatte im Mittelalter mit der Verhängung der ‚Reichsacht' auch gravierende weltliche, insbesondere wirtschaftliche und gesellschaftliche Folgen.

Die KK hat mit dieser Zensur bewirkt, dass sich vielfach neue wissenschaftliche Erkenntnisse und fortschrittliche philosophische Lehren nicht verbreiten konnten. Sie hat es auf diese (und andere) Weise zu verantworten, dass durch ihr Verhalten die zivilisatorische Entwicklung der Menschheit in großen Teilen der Welt über lange Zeiträume aufgehalten worden ist.

9. Die KK lehrt, nur der christliche Glaube könne den Menschen Trost spenden und ihnen Hoffnung geben, z.B., um mit persönlichem Leid, Trauer, Schicksalsschlägen und der Angst vor dem Tod umgehen zu können. Ihre Medizin besteht bei Licht besehen darin, das Wunschdenken der (Naiv-) Gläubigen zu bedienen und Ihnen einzureden, ganz auf die Güte und Barmherzigkeit Gottes vertrauen zu können, wenn sie als gute Christen den "lieben Gott" in Gebeten inständig um Hilfe bitten.

Die KK weckt damit falsche Hoffnungen. Gebete können nicht vor Unglück und Leid bewahren, da Gott in das irdische Geschehen nicht eingreift. Davon kann sich jeder leicht überzeugen, wenn er sich bewusst macht, dass gläubige Katholiken im Leben offenkundig nicht weniger Leid erfahren als alle anderen Menschen.

10.    Indem die KK Homophilie verurteilt, verletzt sie ohne jede Scham die Menschenwürde - Art.1 Abs.1 S.1 GG - der Betroffenen.

11.    Die KK schert sich nicht um das Verbot der Ungleichbehandlung der Geschlechter gem. Art.3 Abs.3 S.1 GG und lässt für die Besetzung von geistlichen Ämtern wie zu Urzeiten nur Männer zu.

Die Auffassung der Kirche, sie befolge damit ein religiöses Gebot, da Jesus ausdrücklich Petrus und die ihm nachfolgenden Päpste zu seinen männlichen Nachfolgern berufen habe, ist nach den Ergebnissen der theologisch-kritischen Geschichtsforschung nicht haltbar.

12.    Die KK verkündet - wie vor zweitausend Jahren - Glaubensinhalte, insbes. die Androhung ewiger Höllenqualen für ‚Ungläubige‘, die nicht nur extrem inhuman sind, sondern auch den Frieden unter den Menschen ernsthaft gefährden können.

13.    Die KK stellt mit ihrer Lehre, derzufolge sie grundsätzlich sexuelle Prävention und Abtreibung verbietet, den Schutz religiöser Werte über den Schutz anderer, nach unserer Verfassung mindestens

gleichwertiger Rechtsgüter: den Schutz menschlichen Lebens vor ansteckenden tödlichen Krankheiten, das Recht auf freie Selbstbestimmung über den eigenen Körper sowie die Achtung der Autonomie über das eigene Leben.

Sie macht sich auf diese Weise mitschuldig daran, daß in vielen Ländern der Welt hunderttausende von gläubigen Menschen an ihrem leiblichen Wohl Schaden nehmen oder sogar zu Tode kommen (z.B. infolge ‚Aids‘ bzw. ‚Kurpfuscherei‘ bei Abtreibungen).

14.   In der öffentlichen Diskussion hat bislang wenig Beachtung gefunden, wie überfordert offenkundig viele der katholischen Geistlichen mit der Einhaltung des Zölibats sind.

Meine Kritik richtet sich dabei vorrangig an die Adresse der kirchlichen Verantwortungsträger, die in ihrer dogmatisch begründeten Engstirnigkeit nicht zur Kenntnis nehmen, dass der Sexualtrieb und der Wunsch der Menschen, eine Familie zu gründen, zur Natur des Menschen gehören und damit wohl nach christlichem Verständnis auch gottgewollt sind. Die KK legt den Geistlichen folglich eine Verpflichtung auf, die letztlich menschenverachtend ist.

Zu mißbilligen ist allerdings auch das Verhalten von Geistlichen, die das Zölibat nicht befolgen und – wie es wohl eher die Regel als die Ausnahme ist - im Geheimen ihr Leben mit Lebensgefährtinnen (Haushälterinnen) teilen. Das ist unentschuldbar, da sie diesen Frauen ein Leben ohne gesellschaftliche Anerkennung und Aussicht auf ein normales Familienleben - mit oder ohne Kindersegen - zumuten.

15. Die KK in Deutschland hat durch ihre ranghohen Würdenträger nach längerem Zögern eingestehen müssen, daß in den zurückliegenden Jahren Kinder in einer Vielzahl von Fällen Opfer von Missbrauch durch Geistliche in kirchlichen Einrichtungen geworden sind.

So skandalös dieser Sachverhalt schon für sich genommen ist, steht noch zusätzlich der Vorwurf gegenüber den kirchlich Verantwortlichen im Raum, den Verdachtsgründen in diesen Fällen nicht (hinreichend) nachgegangen zu sein und auch keine ausreichenden Maßnahmen zur Vermeidung weiterer Missbräuche getroffen zu haben.

Obwohl allem Anschein nach ein systemisches Versagen der Katholischen Kirche bei der Aufklärung und Behandlung von Verdachtsfällen vorgelegen hat, haben die gutachtlichen Ermittlungen im Auftrag der Kirche

- nur in wenigen Einzelfällen zur Aufnahme von Ermittlungen, Anklage und Verurteilung von Missbrauchstätern unter den Geistlichen geführt, insbesondere, weil die Aufklärung dieser Verbrechen viele Jahre lang von der Kirche vertuscht und verschleppt wurde und dadurch entweder die Straftaten verjährt oder die Beschuldigten verstorben waren,
- keinen der deutschen Bischöfe, die mit Missbrauchsfällen befasst waren, zu einem öffentlichen Eingeständnis persönlicher Schuld veranlasst,
- für die mit den Missbrauchsfällen befassten Bischöfe keine erkennbaren innerkirchlichen Konsequenzen gehabt.

Der Missbrauchsskandal der Katholischen Kirche, die sich selbst stets gern als einzig wahrer Hüter der Moral aufspielt, ist nach Ansicht vieler Beobachter ein äußerst beschämender, an Selbstgerechtigkeit und Heuchelei kaum zu überbietender Vorgang.

Dazu passt das Verhalten des Bischofs von München und Freising, der zu einem Zeitpunkt, als ihm noch keine Verfehlungen im Umgang mit Missbrauchsfällen öffentlich vorgehalten worden sind, gegenüber dem Papst (nach vorheriger Rücksprache, wie er selbst bekundet hat!) seinen Rücktritt angeboten hat, ohne dabei allerdings eigenes Fehlverhalten konkret einzuräumen. Es war folglich wenig überraschend, dass der Papst den Bischof nicht abberufen hat.

Später, nach Vorlage des Gutachtens über Kindesmissbrauch durch Geistliche im Bistum München, in dem in mehreren Fällen sein Verhalten in Missbrauchsfällen kritisiert wird, hat der Bischof das Ansinnen, erneut ein − nunmehr eigentlich sachlich gebotenes - Rücktrittsgesuch an den Papst zu stellen, mit der fadenscheinigen Begründung zurückgewiesen, den Papst nicht ein zweites Mal in kurzer Zeit mit einem Rücktrittsgesuch befassen zu wollen.

Angesichts dieses fragwürdigen Verhaltens darf niemanden verwundern, dass Zweifel aufgekommen sind, ob das frühere Rücktrittsersuchen an den Papst wirklich ernst gemeint war und der Bischof wirklich für eigenes Fehlverhalten im Zusammenhang mit Missbrauchsfällen in seinem Bistum einstehen wollte.

Als vollends empörend muss schließlich das Verhalten des emeritierten Papstes Benedikt angesehen werden, der trotz professioneller Beratung einen ihm als früheren Bischof von München zur Last gelegten, im Zusammenhang mit den Missbrauchsermittlungen stehenden Vorwurf mit der - nachweislich falschen - Behauptung bestritten hat, bei der Beratung und Entscheidung über einen konkret benannten Missbrauchsfall durch einen Geistlichen gar nicht anwesend gewesen zu sein, obwohl auf seine Teilnahme aus dem Protokoll wegen der behandelten Themen zweifelsfrei zurückgeschlossen werden konnte.

Seine Präsenz an der fraglichen Sitzung hat er später zwar eingestehen müssen, allerdings ohne das ihm vorgeworfene individuelle Fehlverhalten gleich mit einzuräumen.

Was soll man davon halten? Gelten die moralischen Maßstäbe für Ehrlichkeit und Übernahme von Verantwortung für individuelles Fehlverhalten nur für ‚normal Sterbliche‘ und nicht für den früheren Papst. Müsste sein Verhalten als früheres Oberhaupt der Katholischen Kirche nicht auch innerhalb der Kirche besonders kritisch bewertet werden, da er in diesem Amt doch die Pflicht übernommen hat, ein Vorbild für die Menschheit bzw. für alle Christen zu sein?

16. Angesichts eines seit etlichen Jahren zunehmenden Unmuts der Gläubigen über die mangelnde Bereitschaft der Kirchenvertreter, überfällige Reformen einzuleiten, hat die KK seit einigen Jahren ein Diskussionsforum geschaffen, um die katholischen Laienvertreter in einzelnen religiösen Angelegenheiten verstärkt zu beteiligen, sogen. Synodaler Weg.

Die Einsetzung dieses Forums hat bei vielen Gläubigen in Deutschland große Hoffnungen auf

Veränderungen geweckt, Hoffnungen, die von Teilen der deutschen kirchlichen Würdenträger genährt worden sind, obwohl sie genau wissen, dass möglichen Veränderungen enge Grenzen gesetzt sind, auf deren Einhaltung der Papst als kirchliches Oberhaupt im Interesse der Wahrung der weltweiten Einheit der Katholischen Kirche bestehen wird.

Die Gläubigen sollten aufwachen und erkennen, dass die Katholische Kirche als weltweit verbreitete Glaubensgemeinschaft kaum reformfähig ist, umso weniger auch, als sie sich in ihrer Glaubens- und Morallehre über einen Zeitraum von fast zwei Jahrtausenden (wie im Haupttext aufgezeigt) viele unlösbare Fesseln - in Form von ‚heiligen' Wahrheiten und religiösen Dogmen - angelegt hat.

# Wie verträgt sich Religionskritik mit dem Gebot religiöser Toleranz?

Die Kritik an der christlichen Religion und der Katholischen Kirche ist notwendig, darf aber nicht dazu führen, dass der Respekt vor dem (Gottes-) Glauben der Menschen verlorengeht!

Ich kritisiere zwar in vielen Einzelaspekten die Glaubenslehre der Katholischen Kirche, erkenne aber ausdrücklich an, dass Gläubige, denen ihr Glaube ein tief empfundenes inneres Bedürfnis ist, uneingeschränkt Respekt verdienen (sofern sie gegenüber Andersgläubigen ihrerseits Toleranz üben).

Die christliche Lehre vermittelt eine bestimmte Weltanschauung, indem sie mystische Dinge und irrationale Geschehnisse im Zusammenhang mit der Christuslehre mit dogmatischem Wahrheitsanspruch verbreitet und sich dabei auf göttliche Offenbarung beruft. Wenn ich diese Lehre und die auf ihr gründende Institution der Katholischen Kirche ablehne, heißt das nicht, daß ich mir anmaße, Menschen dafür zu kritisieren, einem wie auch immer gearteten (Gottes-) Glauben anzuhängen.

Mein Respekt gilt allen friedliebenden Menschen, auch denen, von denen ich weiß oder annehme, dass sie meine Meinung weder teilen noch billigen. Die privaten Glaubensüberzeugungen anderer Menschen zählen zu ihrer geschützten Privatsphäre, die von jedermann zu achten ist. Es steht folglich niemandem zu, an der religiösen Grundüberzeugung der Menschen – mag diese auch noch so anfechtbar sein – Kritik zu üben.

Was den christlichen Gottesglauben anbetrifft, ist jeder Mensch völlig frei in seiner Entscheidung , welchen Raum er diesem Glauben einräumen will. Dabei werden Menschen in christlich geprägten Regionen der Welt vor die Frage gestellt, ob sie die Vorstellung von der Existenz eines biblischen Gottes teilen, der die Welt und die Menschen erschaffen hat und sich den Menschen in der Bibel offenbart, oder ob für sie die angeblichen göttlichen Offenbarungen nicht doch letztlich das Ergebnis von Frömmelei, Wunschdenken und Selbsttäuschung sind (*persönliche Anm. s.u.).

Egal wie die privat getroffene Entscheidung ausfällt, hat jeder Mensch einen Anspruch darauf, dass diese von allen Mitmenschen respektiert wird. Gläubige müssen es allerdings hinnehmen, dass Glaubensinhalte von Religionsgemeinschaften kritisch diskutiert werden, weil unsere Verfassung allen Menschen das Recht auf freie Meinungsäußerung in Angelegenheiten von allgemeinem öffentlichen Interesse ausdrücklich zugesteht.

*Persönliche Anmerkung: Mir ist die Entscheidung aus zwei Gründen nicht schwer gefallen:

o Da ich das Leid in der Welt als ein nicht vorherbestimmtes persönliches Schicksal von Menschen ansehe, das nach den Naturgesetzen nur gelindert werden kann mit den Mitteln und Methoden, die das Ergebnis des medizinisch-technischen Fortschritts in unserer Welt sind, und ich des weiteren die Endlichkeit allen Lebens als unwiderrufliches Faktum akzeptiere, ist mir die Vorstellung völlig fremd, wegen des Unabänderlichen in der Welt Trost bei einem übersinnlichen Wesen zu suchen.

o Außerdem bin ich als ein Mensch, der sich bei der Suche nach Wahrheit kritisch-rationaler Methoden bedient, nicht bereit, religiöse Vorstellungen zu teilen, die keinerlei Evidenz in der realen Welt haben.

## Was ist von der Behauptung zu halten, nur der Glauben könne vor einem Verfall von Sitte und Moral bewahren?

Von Kirchenvertretern wird in öffentlichen Diskussionen immer wieder geäußert, wie wichtig und unersetzlich der moralisch-ethische Beitrag der Kirche mit seinen christlichen Werten für die Wahrung von Sitte und Anstand in unserer Gesellschaft ist. Welche Werte damit konkret gemeint sind und inwieweit diese sich exklusiv von den ethisch-moralischen Vorstellungen anderer Kulturen unterscheiden, wird dabei nicht diskutiert, auch nicht, ob diese Auffassung begründet ist. Dazu ist folgendes zu sagen:

Die christlichen Wertvorstellungen leiten sich im wesentlichen aus den zehn Geboten, dem Gebot zur Nächsten- und Feindesliebe und den Verkündigungen in der „Bergpredigt" ab. Häufig genannte und als christliche Werte bezeichnete Tugenden sind Glaube, Liebe, Hoffnung, Barmherzigkeit, Gerechtigkeit und Rechtschaffenheit.

Die im Zentrum der christlichen Glaubens- und Sittenlehre der Katholische Kirche stehende Forderung nach Tugendhaftigkeit der Menschen hat zweifellos in der Vergangenheit in den westlichen Ländern und darüber hinaus eine kulturell prägende Wirkung gehabt. Allerdings gab es diese ethischen Anforderungen an das Leben der Menschen großenteils auch in anderen Kulturen – wenn auch mit unterschiedlichen Akzentuierungen – und diese sind dort in eigenen Schriftquellen enthalten.

Bei aller Wertschätzung des christlichen Wertekanon gilt es nicht zu übersehen, dass die Katholische Kirche über viele Jahrhunderte diese Werte in religiösem Eifer (Wahn) in den Schmutz getreten und sich an der Menschheit millionenfach versündigt hat. Dadurch ist das christliche Wertefundament über die Zeit nachhaltig in Misskredit geraten und hat viel von ihrer ursprünglichen Strahlkraft verloren.

Mit Blick auf die seit vielen Jahren bestehenden Realitäten in Staat und Gesellschaft unseres Landes ist für jedermann längst  offenkundig, dass das Denken und Handeln der Menschen heute stark von spezifisch humanistischen Werten und Idealen geprägt ist, von Vorstellungen also, die aus der Autonomie des Menschen, dem Freiheitsdenken und aus einem sozialen Gerechtigkeitsempfinden abgeleitet werden und unzweifelhaft nicht Erbe des christlichen Wertesystems sind.

Dabei geht es vor allem um Wertvorstellungen, die im Zuge der Aufklärung und ihr nachfolgender philosophischen Strömungen entwickelt worden sind: die Unantastbarkeit der Menschenwürde, das uneingeschränkte Recht auf Leben und körperliche Unversehrtheit, das Recht auf freie Selbstentfaltung, die

Gleichheit vor dem Gesetz, die Gleichberechtigung der Geschlechter, die allgemeinen Grund- und Freiheitsrechte, das Rechtsstaatsprinzip, das Prinzip demokratischer Legitimation für alle Machtstrukturen und vieles andere mehr.

Wer die Geschichte der letzten 200 Jahre kennt weiß, dass die vorstehend aufgeführten neuzeitlichen Errungenschaften überwiegend gegen den ausdrücklichen Widerstand der Katholischen Kirche erkämpft worden sind. Diese in unserer Verfassung verankerten Grundwerte und Ideale haben bei uns im Zuge der fortgeschrittenen Säkularisierung gegenüber den antiken christlich-ethischen Wertvorstellungen längst die Oberhand gewonnen und diese als dominantes Wertesystem für das Leben der Menschen abgelöst.

Niemand wird wohl ernsthaft bestreiten wollen, dass durch den Wertewandel Sitte und Moral in der Gesellschaft nicht gelitten haben, ganz im Gegenteil: Die in der Neuzeit errungenen humanistischen Grundwerte und Ideale vor allem haben das Leben der Menschen um einiges freier, gerechter und lebenswerter gemacht und verdienen daher unsere bevorzugte Wertschätzung.

# Religionszugehörigkeit und konfessionsfreies Leben in Deutschland

Die christlichen Kirchen haben seit vielen Jahren einen starken Rückgang an Mitgliedern zu verzeichnen. Die Anzahl der Kirchenmitglieder bzw. Konfessionslosen in Deutschland und ihr Anteil an der Gesamtbevölkerung betrug nach Angaben der Forschungsgruppe Weltanschauungen in Deutschland [fowid] zum 31.12.2020:

| | | |
|---|---|---|
| Römisch-katholische Kirche: | 20,2 Mill. = | 26,7% |
| EKD Christen: | 20,7 Mill. = | 24,3% |
| Muslime (insgesamt: etwa 5,5 Mill., davon religiöse/ohne Aleviten/geschätzt) | 2,9 Mill. = | 3,5% |
| ohne Konfession: | 33,8 Mill. = | 40,7% |

Noch 9 Jahre zuvor - 2011 – lag der Anteil der Katholiken und der Protestanten an der Gesamtbevölkerung bei jeweils 31%. Nur 9,1% der katholischen Gläubigen (3,4% der Protestanten) haben bei letzten Befragungen angegeben, praktizierende Christen zu sein und mindestens einmal im Monat am Gottesdienst teilzunehmen.

Der generelle Trend ist eindeutig und stabil: Es wird in Deutschland auch in den kommenden Jahren immer mehr Konfessionsfreie und immer weniger Katholiken (und Protestanten) geben.

# Meine Antworten auf große Fragen an die Philosophie

o **Was kann ich wissen? (im Sinne von: Was ist wahr, was sind gesicherte Erkenntnisse?)**

Wahre (definitiv unangreifbare) allgemeine Aussagen zu Dingen und Geschehnissen in der Welt sind aus rational-logischen Gründen nicht möglich, da ein strenger Wahrheitsbeweis zu behaupteten Phänomenen in der Natur weder mittels Induktion* noch Deduktion** noch anderer Methoden zu führen ist. Möglich sind allerdings gesicherte (mit wissenschaftlichen Methoden gewonnene) abstrahierende (verallgemeinernde) Erkenntnisse über Erscheinungen und Ursache-Wirkung-Zusammenhänge in der Natur.

Für den Bereich der Naturwissenschaften gilt die evidenz-basierte (allem Anschein nach anzunehmende) Erkenntnis (Grundannahme), dass es in der Natur keine Wirkung ohne eine natürliche, mit einer geeigneten (nicht notwendigerweise schon bekannten) wissenschaftlichen Methode nachweisbare physikalische Ursache gibt.

..........

*Induktion: abstrahierende Schlussfolgerung aus Beobachtungen in der Natur auf ein ‚Naturgesetz‘

**Deduktion: Schlussfolgerung aus gegebenen Voraussetzungen auf einen speziellen Anwendungsfall

Nach der Lehre vom „Kritischen Rationalismus" sind allgemein gültige, vertiefende Erkenntnisse zu Erscheinungen und zu Ursache-Wirkung-Zusammenhängen in der Natur auf der Grundlage von Aussagen (Theorien) möglich, wenn diese mit wissenschaftlichen Methoden überprüfbar (und möglicherweise als falsch nachweisbar) sind und sich bei entspr. kritischen Prüfungen bewähren (als zutreffend erweisen). Solche Aussagen (Theorien) gelten, so lange sie strengen Prüfungen standhalten, als objektive, <u>gesicherte Erkenntnisse</u> (wahre Aussagen).*

Im Umkehrschluss dazu gilt, dass

➢ alle abstrahierenden Aussagen zu Erscheinungen in der realen Welt, die ihrer Natur nach nicht kritisch geprüft und damit auch nicht als falsch widerlegt werden können, keine sichere Erkenntnis vermitteln,

➢ alle Aussagen zu Dingen, die Gegenstand von Betrachtungen jenseits der Erscheinungen in der realen Welt sind, ihrer Natur nach als rein spekulativ, fiktiv und fragwürdig angesehen werden müssen, z.B. religiöse, metaphysische, esoterische Aussagen.

<u>*Anmerkung</u>: Ich folge bei meinen Ausführungen der ‚Korrespondenztheorie', die besagt, dass subjektive Aussagen über Dinge in der objektiven Welt als wahr

angesehen werden, wenn sie mit den Tatsachen in der objektiven Welt übereinstimmen.

- o **Was darf ich glauben?** (i.S.v.: Welche mit hoher und höchster (göttlicher) Autorität ausgestatteten Aussagen darf ich aufgrund einer inneren Eingebung bzw. meines tiefen Gefühls als gewiß annehmen, ohne allzu leichtgläubig zu sein oder auf Scheinautoritäten hereinzufallen?) Meine Antwort:

Im Prinzip darf jeder Mensch alles glauben, was nicht gegen Denk- und allgemeine Naturgesetze oder bewährte naturwissenschaftliche Einzelerkenntnisse verstößt oder aus anderen Gründen keine Glaubwürdigkeit verdient (z.B., wenn Behauptungen über Geschehnisse in der Welt aufgestellt werden, die auf nicht überprüfbaren (angeblichen) Fakten bzw. fragwürdigen (zweifelhaften) Quellen beruhen und nach menschlicher Erfahrung äußerst unwahrscheinlich sind).

Als Anhänger einer Glaubensgemeinschaft muss man bereit sein, einem teilweise irrationalen, rein spekulativen Gedankengut in seinem irdischen Leben breiten Raum zu geben und sich davon weitgehend bestimmen zu lassen.

- o **Was soll ich tun?** (im Sinne von: Nach welcher Richtschnur soll ich mein Leben ausrichten?) Meine Antwort:

Jeder Mensch ist frei, seinem Leben einen eigenen Sinn zu geben und dieses eine reale Leben nach seinen Bedürfnissen und Neigungen selbstbestimmt - in sozialer Verantwortung zu leben!

Diese Einstellung entspricht der Leitidee unserer Verfassung, vgl. Art. 1 Abs.1 GG!

o **Wie soll ich mich entscheiden, wenn zur Erklärung eines Phänomens in der Natur zwei zur Wahl stehende, sich gegenseitig ausschließende Theorien konkurrieren?**

Beispiel: „unbefleckte Empfängnis Maria's" – Nach christlicher Lehre ist diese Aussage glaubhaft, nach den Naturgesetzen ist eine Schwangerschaft auf die in der Bibel geschilderte Weise nicht möglich!

Zur Lösung solcher Fragestellungen ist bereits im 14. Jahrhundert von einem Scholastiker ("Ockham") für das Vorgehen im Bereich der Wissenschaften folgende Methode vorgeschlagen worden:

'Wähle die Erklärung, die einfacher ist als die Alternative dazu, also die mit den wenigsten Variablen bzw. Annahmen auskommt!'

Danach wäre im Beispielfall nicht nur aus rein erkenntnistheoretischen Gründen, sondern auch aus wissenschaftlich-methodischen Erwägungen der rationalen Erklärung der Vorzug zu geben, da

- ➤ sie eine einfachere (bereits wissenschaftlich hinreichend bekannte und bewährte) Erklärung für die Geburt Jesu hat: Jesus hat einen natürlichen Vater!

- ➤ für die nach christlicher Vorstellung mögliche Art der Empfängnis eine zusätzliche Hypothese eingeführt wird, nämlich ein göttlicher Eingriff in das Naturgeschehen mittels einer geheimnisvollen (höchst fragwürdigen!) Prozedur.

# Das Streben nach 'tieferer' Erkenntnis / Die Suche nach der Wahrheit hinter den Erscheinungen in der Welt

Seit der Antike sind Philosophen und religiöse Vordenker auf der Suche nach tieferer Erkenntnis über die Welt und das Leben. Die Einen haben zu diesem Zweck hauptsächlich ihren Verstand und ihre intuitive Vorstellungskraft bemüht, die Anderen ihren Hang zur Gottgläubigkeit, indem sie fest behaupten, die Wahrheit und damit der tiefere Sinn menschlichen Seins sei in den Ihnen zuteil gewordenen göttlichen Offenbarungen zu finden.

Allen Denkern, die derartige Betrachtungen anstellen, ist die Überzeugung gemeinsam, es sei den Menschen möglich, die hinter den Erscheinungen in der Welt liegenden Rätsel zu lösen und zu erkennen, was die Welt ‚im Innersten zusammenhält'.

Im Bereich der Metaphysik (der Lehre vom Ursprung und Sinn des Seins, damit gemeint ist die mentale Beschäftigung mit Fragen nach dem, was hinter der Wirklichkeit als wahrer Grund allen Seins verborgen ist) bieten sich Philosophen geistige ‚Spielwiesen', in denen sie ihrer Phantasie, ihrem inneren Gefühl, ihrem grenzenlosen Streben nach einer Wahrheit jenseits der erfahrbaren Welt freien Lauf lassen können, ohne an die strengen Regeln von

Vernunft/Verstand, der Stringenz logischer Schlüsse, der Evidenz behaupteter Fakten und den Zwang zur Begründung für Behauptungen gebunden zu sein. Das Ergebnis sind hoch spekulative Abhandlungen zu Fragen, auf die es keine auf ihren Wahrheitsgehalt überprüfbaren Antworten gibt, und die daher häufig nur zu Verwirrung und Meinungsstreitigkeiten unter den Menschen führen.

Ohne auf die vielen unterschiedlichen Denkrichtungen eingehen zu müssen, wird wohl niemand ernsthaft bezweifeln können, dass es zwar unzählige Versuche gibt, die Welt und die Bestimmung der Menschen in dieser Welt mit religiösen und philosophischen Betrachtungen zu erklären, alle aber unter demselben Mangel leiden, nämlich, nur für Ihre Anhänger glaubwürdig zu sein, von allen anderen Konkurrenten im Wettbewerb der Meinungen aber abgelehnt zu werden. Das ist auch nicht weiter verwunderlich, weil allen weltanschaulichen bzw. religiösen Lehren gemeinsam ist, dass viele ihrer Grundaussagen nicht durch Fakten belegt sind und damit rein fiktiven Charakter tragen.

Demgegenüber ist folgendes festzustellen:

Die einzig sichere Methode, um zuverlässige Erkenntnisse über die Welt und das Dasein der Menschen in dieser Welt zu gewinnen, bieten die Naturwissenschaften. Zwar hat die Geschichte der

Naturwissenschaften gezeigt, dass trotz der erzielten höchst beindruckenden Erfolge die dort gewonnenen Erkenntnisse nicht immer Bestand haben. Das hat zu der Einsicht geführt, dass empirisch gewonnene wissenschaftliche Erkenntnisse zwar häufig gut begründet, niemals aber als absolut gültige Aussagen bewiesen werden können und auf ewig Bestand haben (bekanntes Beispiel: die Ablösung des von Isaac Newton begründeten kosmologischen Weltbildes durch die Relativitätstheorie Albert Einsteins).

Dieser Einsicht trägt die von Karl Popper in der Mitte des 20. Jahrhunderts begründete Lehre des Kritischen Rationalismus Rechnung. Danach verdienen wissenschaftlich erhobene Befunde das Vertrauen in ihre allgemeine Gültigkeit, wenn es sich einerseits um prinzipiell widerlegbare und andererseits um gut empirisch bzw. experimentell belegte, verallgemeinernde Aussagen zu Erscheinungen in der realen Welt handelt, solange diese nicht durch neuere wissenschaftliche Befunde widerlegt (falsifiziert) bzw. ernsthaft in Frage gestellt werden. So in etwa lautet die Kernaussage der Lehre vom ‚Kritischen Rationalismus‘, einer Lehre, die sich im Bereich der Erkenntnistheorie als wegweisend für den Wissenschaftsbetrieb erwiesen hat.

Verallgemeinernde Aussagen über die Erscheinungen in der Natur, die mit den Methoden der

Naturwissenschaften gewonnen werden, sind - unter den vorgenannten Einschränkungen - gesicherte, für jedermann nachvollziehbare und anzuerkennende Erkenntnisse (Wahrheiten), die für rational denkende Menschen das Fundament ihrer Orientierung in der Welt sind.

Die konsequente Anwendung der Lehre des Kritischen Rationalismus hat - wie bereits an früherer Stelle ausgeführt (siehe Seite 99) - logisch zwingend zur Folge, dass zu Fragen, die über die empirisch bzw. experimentell zugänglichen Erscheinungsformen in dieser Welt hinausgehen, zuverlässige Aussagen prinzipiell nicht möglich sind.

Folgt man dieser Lehre, dann hat das für religiöse Lehren und für metaphysischen Abhandlungen äußerst folgenreiche Konsequenzen: da ihre Narrative nicht auf überprüfbaren Fakten beruhen, haben diese weder das Vertrauen der Menschen in ihre Wahrhaftigkeit noch eine besondere Wertschätzung ihrer Lehrinhalte verdient.

Davon betroffen sind nicht nur religiöse, auf nicht glaubhaften Quellen beruhende Phantastereien, sondern auch philosophische Abhandlungen hoch angesehener Denker, die sich bei ihren Betrachtungen zu metaphysischen Themen offenbar nicht bewusst waren, dass es sich bei ihren gedanklichen Konstrukten teilweise weder um evidente noch hinreichend plausible Theorien, sondern um absolut beliebige (frei ersonnene), außerhalb unserer Erfahrung liegende (also durch Nichts begründete) bloße Behauptungen bzw. Spekulationen handelt (mit gleichem ,Recht' könnte man jeder beliebigen anderweitigen These oder einer frei erhobenen Gegenthese das Wort reden!).

Es gibt noch einen weiteren rationalen, logisch zwingenden Grund, warum von metaphysischen Lehren kein Erkenntnisgewinn zu erwarten ist:

Die in der Philosophie über mehr als zwei Jahrtausende währende Tradition, nach Wegen zu suchen, die Geheimnisse der Welt jenseits der uns zugänglichen realen Gegebenheiten zu entschlüsseln und den wahren Grund allen Seins zu erkennen, kann nur als ein völlig aussichtsloses Unterfangen angesehen werden, da die Menschen erdgebundene, keine gottgleichen Wesen sind und Ihnen nur der Blick auf die Natur als ein mit dieser Natur verhaftetes Wesen möglich ist.

Um letzte Erkenntnisse über den Ursprung der Welt und die Bestimmung des Menschen darin zu gewinnen, reicht dieser Blickwinkel definitiv nicht aus. Wir werden nie erfahren, was den ,Urknall' ausgelöst hat und ob der Entstehung des Kosmos und dem Leben auf dem Planeten Erde irgendein Plan zugrunde gelegen hat, der dem Ganzen einen Sinn verleiht! Ich halte es daher für einen groben Denkfehler, wenn Philosophen meinen, dass sie mit der Kraft ihres Verstandes über Dinge, die außerhalb unseres mit wissenschaftlichen Methoden erschließbaren 'Gesichtsfeldes' liegen, wahre bzw. allgemein-gültige Aussagen treffen könnten.

Im Streben nach Allwissenheit sind den Menschen unüberwindbare Grenzen gesetzt. Wir sind – wie bereits an früherer Stelle ausgeführt - nicht das von einem numinosen Wesen erschaffene Geschöpf, das mit übernatürlichen Fähigkeiten ausgestattet ist, sondern ein aus einfachsten Lebensformen hervorgegangenes, bestmöglich an die Umwelt angepasstes Lebewesen. Es besteht nach den Erkenntnissen, die wir der Evolutionstheorie verdanken, kein Grund anzunehmen, dass wir im Verlauf der Evolution die Fähigkeit erworben haben könnten, einen Blick über die erforschbare reale Welt hinaus tun zu können und zutreffende Aussagen über Dinge jenseits dieser Wirklichkeit machen zu können.

Jene, die dieser Aussage nicht zustimmen können, sollten den Menschen erklären, woher Philosophen die Fähigkeit zu außergewöhnlichen metaphysischen Einsichten haben sollten, für die es keine faktischen Belege gibt.

# Das Weltbild der Menschen im Wandel der Zeiten

o <u>Frühzeit:</u>

In der frühen Menschheitsgeschichte haben die Menschen intuitiv nach einer Erklärung für die Naturgewalten gesucht und in ihrer Einfalt vielfach an unsichtbare Geister, an Fabelwesen und an magische Kräfte geglaubt. Solche Vorstellungen werden heute nur noch von wenigen Menschen geteilt.

o <u>Antike - Die Entstehung des Glaubens an einen allmächtigen Gott</u>

Im weiteren Verlauf der Geschichte entwickelte sich in großen Teilen der ‚Alten Welt' zunächst der naive Glaube an Götter, die das Naturgeschehen lenken. Es entstanden daraus zunehmend komplexere Formen von Kulten, die dann im Verlauf vieler Jahrhunderte in großen Teilen der Welt vom Judentum, Christentum und Islam verdrängt wurden.

Diese Religionen üben bis heute weltweit einen großen Einfluss auf das Denken der Menschen aus. Es gibt in den ansonsten sehr unterschiedlichen Glaubenslehren einige Gemeinsamkeiten: die Anhänger verehren und beten einen allmächtigen Gott an, der die Welt erschaffen hat, und glauben fest daran, dass sich Gott den Menschen in ihren heiligen Büchern offenbart hat und sie auf ein ewiges Leben hoffen dürfen.

o <u>Antike - Versuche, die Welt auf philosophische Weise zu ergründen</u>

In der Antike traten in Griechenland und anderen Regionen der Welt Denker auf, die mit Hilfe von metaphysischen (transzendenten/über die Wirklichkeit hinausgehenden) Betrachtungen die Welt zu ergründen suchten. Es bildeten sich zahlreiche Denkschulen, die – wie bei den Religionen – nur eines gemeinsam haben, dass ihre Lehren von den Anhängern anderer Denkrichtungen strikt abgelehnt werden.

Die Tradition, metaphysische bzw. transzendente Betrachtungen in der Philosophie anzustellen, besteht in modifizierter Weise bis heute fort, ohne dass sich daraus ein für jedermann sichtbarer bzw. nachvollziehbarer Erkenntnisgewinn zu dem, was sich hinter den Erscheinungen der Welt verbirgt, ergeben hat.

o <u>Neuzeit – Moderne:</u>

In weltoffenen Gesellschaften ist zu beobachten, dass sich in den letzten 200 Jahren zunehmend eine (kritisch-) rationale Sichtweise auf die Welt herausgebildet hat.

Begünstigt wurde diese Entwicklung durch mehrere Faktoren:

> den tiefgreifenden Prozess der Säkularisierung in allen Lebensbereichen (der Verweltlichung, Befreiung von religiöser Bevormundung),
> der Verbreitung der Ideen der Aufklärung (Leitspruch frei nach Immanuel Kant: befreie dich von deiner selbstverschuldeten Unmündigkeit, indem du deinen eigenen Verstand gebrauchst!) und
> nicht zuletzt beeinflusst von den außerordentlichen Fortschritten in Wissenschaft und Technik.

Die Menschen erkennen nunmehr überwiegend an, dass es in der Natur Gesetzmäßigkeiten gibt, die das Naturgeschehen berechenbar erscheinen lassen und sich, wenn man über alle dafür notwendigen Informationen verfügt, alle Erscheinungen und Ereignisse in der Natur aus den in ihr selbst angelegten Strukturen und Gesetzmäßigkeiten erklären lassen. Der Glaube an übernatürliche Phänomene (Wunderheilungen, Zeugung ohne Vereinigung von Mann und Frau, Wiederauferstehung vom Tod) wird damit als naiv und haltlos zurückgewiesen.

Folgt man dieser Ansicht, dann ist das mit den Methoden der Naturwissenschaften erlangte (oder in Zukunft durch Forschung noch erweiterbare) vertiefte Wissen über die Erscheinungsformen und Ursache-

Wirkung-Zusammenhänge in dieser Welt (unter bestimmten Voraussetzungen, s.o. Seite 102ff) als objektiv wahr anzuerkennen und allen davon abweichenden religiösen oder metaphysischen Betrachtungen vorzuziehen.

Mit dieser Denkweise eng verbunden ist die Überzeugung, dass den Menschen in ihrem Streben nach Allwissenheit Grenzen gesetzt sind, weil ein Blick hinter die Welt der Erscheinungen definitiv nicht möglich ist (s.o. Seite 104ff): wir werden niemals ergründen können, was vor der Entstehung des Weltalls war, was dieses Ereignis ausgelöst hat und ob dieses Geschehen einem ‚höheren' Zweck dient.

Anhänger dieser Denkrichtung lehnen daher alle religiösen und metaphysischen (transzendenten) Lehren bzw. Theorien, die vorgeben, tiefere Einsichten über Dinge jenseits der Welt der Erscheinungen zu haben, als beliebige (spekulative) Gedankenspielerei (als mentalen Hokuspokus) strikt ab.

Was folgt letztendlich aus alledem?

Wenn es im Leben darum geht, nach welchen Leitvorstellungen die Menschen ihr Leben gestalten wollen und unter welchen Voraussetzungen sie bereit sind, überkommene Weltanschauungen (Ideologien, wissenschaftliche Theorien, philosophische Lehren) zu übernehmen, stellen sich neben ethisch - moralischen Fragen an die Theorie auch solche, die von der Vernunft her zu beantworten sind. Folgt man der hier vertretenen kritisch-rationalen Sicht lassen sich diese Fragen wie folgt formulieren:

o Ist die Theorie so gefasst, dass sie zwecks Sicherung einer möglichst universalen Anerkennung Erkenntnisse über Erscheinungen in der Welt vermittelt, die auf überprüfbaren Fakten beruhen?

o Hält die Theorie im Hinblick auf die Übereinstimmung mit den von ihr behaupteten Fakten bzw. Zusammenhängen in der realen Welt einer kritischen Prüfung stand?

o Wenn noch keine zuverlässigen Fakten vorliegen bzw. noch kein geeignetes Prüfverfahren verfügbar ist, können für die Akzeptanz einer Theorie folg. Faktoren relevant sein:

  ➤ die Evidenz (die Offensichtlichkeit) ihrer Übereinstimmung mit den bisherigen (vorläufigen) Erkenntnissen oder
  ➤ eine nach strenger Prüfung nicht widerlegte Plausibilität (Glaubwürdigkeit) der Theorie oder
  ➤ das Maß der Wahrscheinlichkeit, dass die von der Theorie behaupteten Fakten zutreffen. Diese

Methode setzt voraus, dass sich die Wahrscheinlichkeiten berechnen oder in zuverlässiger Weise abschätzen lassen.

In Zweifelsfällen gilt der allgemeine Grundsatz, dass von mehreren zur Wahl stehenden Theorien zur Erklärung einer bestimmten Erscheinung in der Welt (das können auch Naturkräfte oder Ursache-Wirkung-Zusammenhänge in der Natur sein) vermutlich diejenige wahr ist, die ohne zusätzliche Annahmen auskommt (s.o. Seite 101, 102).

# Kurze Statements zu diversen Themen

• **Der ‚freie Wille‘**

Unter dem Begriff ‚freier Wille‘ des Menschen wird allgemein die intellektuelle Fähigkeit verstanden, in vollem Bewusstsein der Eigenverantwortung und frei von Zwängen Entscheidungen in seinem Leben treffen zu können.

Der freie Wille ermöglicht es den Menschen, über ihr Leben autonom zu entscheiden und ein den eigenen Vorstellungen entsprechendes sinnerfülltes Leben (in sozialer Verantwortung) zu führen. Unser Gehirn und unser Verstand sind das Organ und Instrument dieser speziellen Fähigkeit.

Der freie Wille umfasst naturgemäß nicht das volle Spektrum aller möglichen Handlungs- und Entscheidungsoptionen, vielmehr kann sich diese menschliche Fähigkeit nur innerhalb eines bestimmten Rahmens entfalten, der von den persönlichen Anlagen eines Menschen, seiner Entwicklung und der dabei auf ihn einwirkenden Einflussfaktoren, seinem erworbenen Wissen, seinen Erfahrungen, den bereits bestehenden ethisch-moralischen Überzeugungen, seinen persönlichen Neigungen und Vorlieben, den erworbenen Denkmustern und Prinzipien und anderen Faktoren abhängig ist. In welchem Maße alle diese Faktoren unser Denken und Handeln beeinflussen, hängt nicht zuletzt vom Ergebnis der vielen Reflexionsprozesse ab, die im Verlauf des Lebens im menschlichen Gehirn stattgefunden haben.

Mitunter wird die Auffassung vertreten, die Frage der Willensfreiheit bemesse sich in Fällen, in denen es um Recht und Moral geht, danach, ob jemand auch eine andere, nämlich die aus der Sicht eines Außenstehenden rechtlich oder moralisch ‚richtige‘ Entscheidung hätte treffen können.

Diese Auffassung verkennt, dass von Willensfreiheit nur gesprochen werden kann, wenn es um die Frage geht, ob jemand in der Lage ist, in Abwägung aller Umstände die <u>für ihn</u> (subjektiv) richtige Entscheidung (im Sinne eines ‚Ich will das so‘) zu treffen, auf die Sichtweise und Bewertung einer anderen Person kommt es dabei nicht an.

- **Der freie Wille und das ‚Unbewusste‘**

Zur Frage, ob Menschen über einen 'freien' Willen verfügen, wird in philosophischen Diskursen nicht selten die Auffassung vertreten, das Unterbewusstsein übe auf die Menschen einen so starken Einfluss aus, dass man sagen könne, der Verstand sei nicht immer „Herr im Haus" und es sei demzufolge auch nicht richtig, von einem wirklich freien Willen zu sprechen.

Ausgangspunkt dieser Diskussion ist ein Befund, der kaum bestritten werden kann: nämlich die Feststellung, dass Menschen Entscheidungen treffen, über deren Beweggründe, Tragweite und Folgen sie sich häufig nicht voll im klaren sind. Soweit, so gut.

Allerdings wird man auch konstatieren müssen, dass jede bewusste Entscheidung, die ein Mensch unter Abwägung eines Für und Wider trifft, als ein „Ich will das so!" zu verstehen ist. Dem ersten Anschein nach liegt danach durchaus eine freie Willensentscheidung vor.

Wenn bei dieser Entscheidung Unbewusstes eine Rolle gespielt hat, zwingt das keineswegs dazu, den freien Willen prinzipiell in Frage zu stellen und letztlich zu leugnen. Vielmehr liegt doch viel näher anzunehmen, dass eine Person die Frage, von welchen Vorstellungen, Motiven, Gefühlen oder sonstigen Einflussquellen sie sich hat leiten lassen, möglicherweise nicht hinreichend bedacht bzw. sich nicht bewußt gemacht hat.

Diese möglichen Einflussfaktoren hätte diese Person sich ja in Wahrnehmung ihrer vollen Eigenverantwortung in das Bewusstsein rufen und beim Prozeß der Abwägung mit einbringen (ggf. nach kritischer Reflexion) oder bei bestehender Unsicherheit im Vorfeld einer zu treffenden wichtigen Entscheidung zum Gegenstand einer intensiven fachkundige Analyse und Beratung machen können.

Da nach allgemeinem Verständnis im Gehirn der Verstand die Steuerungsfunktion allein und ausschließlich wahrnimmt, ist das vom Unbewussten beeinflusste Ergebnis eines Entscheidungsprozesses daher nichts anderes als ein Zurückbleiben der Leistung des Verstandes hinter seinen optimalen Möglichkeiten.

Von einer Dualität zwischen dem ‚Unbewussten' und dem Verstand kann - folgt man dieser Sichtweise - aus logischen Gründen nicht die Rede sein, da der Verstand alle Entscheidungsprozesse im Gehirn steuert und selbst darüber befindet, von welchen Informationen, die er entweder aus dem Gedächtnis abrufen oder gesondert einholen kann, er seine Entscheidung abhängig machen will. Die Auffassung, von außen wirke das ‚Unbewusste' als manipulative Kraft auf den Verstand ein, ist daher abzulehnen.

Fazit: Ein gut geschulter kritischer Verstand ist daher, wenn er seine Fähigkeiten voll nutzt, sehr wohl – zumindest weitestgehend - „Herr im Haus", auch wenn aus der Sicht Dritter unvernünftige Entscheidungen getroffen werden. Ich halte es aus diesen Erwägungen heraus definitiv für falsch, die Willensfreiheit der Menschen generell als bloße Fiktion abzutun.

Anmerkung: Es hat Versuche gegeben, die These, dass der Verstand nicht immer ‚Herr im Hause' sei, mit

Untersuchungsergebnissen von Hirnforschern zu untermauern. Ich vermute, dass diese Auffassung heute nicht mehr vertreten wird, und zwar aus folgenden Gründen:

Hirnforscher haben vor Jahren festgestellt, dass eine Hirnaktivität unmittelbar eintritt, sobald Menschen vor einer Entscheidungssituation stehen und dass häufig dieser Hirntätigkeit auch unmittelbar eine Entscheidung bzw. Handlung nachfolgt. Aus diesem Befund ist vereinzelt geschlossen worden, dass unsere Entscheidungen in vielen Fällen keiner rationalen Kontrolle unterliegen. Dazu ist folgendes zu sagen:

So wichtig die Funktion eines im Gehirn vorprogrammierten reaktiven Handelns speziell auf Gefahrensituationen für das Überleben unserer Spezies auch sicher war und ist, so muss man doch genauer hinsehen und feststellen, dass dieser rational nicht gesteuerte Automatismus nicht für Entscheidungen gilt, bei denen eine Bedenkzeit bleibt, in der unser Verstand im Gehirn einen Prozess auslösen kann, um das Für und Wider einer zu treffenden Entscheidung einer genaueren Prüfung zu unterziehen.

Insoweit folge ich der Lehre von Daniel Kahnemann, der die wissenschaftlich gut begründete Unterscheidung von schnellem und langsamen Denken getroffen hat und zu dem Schluss kommt, dass unser Verstand, wenn er sich seiner spontanen Neigung, in bestimmter Weise zu entscheiden, nicht sicher ist, einen Reflexionsprozeß in Gang setzen kann. Zu dem, was sich dabei konkret im Hirn abspielt, kann die Hirnforschung angesichts der extrem hohen Komplexität dieser Vorgänge keinen aufklärenden Beitrag leisten.

- **Das "Ich" – Die individuelle Persönlichkeit**

Die Vorstellung von einem individuellen ‚Ich' mit all' seinen Eigenschaften (als gedankliches Konstrukt) spiegelt wieder, was Menschen als ihre konstante individuelle Persönlichkeit wahrnehmen, die sich im Leben aufgrund der geistigen Auseinandersetzung mit immer neuen Problemsituationen ständig weiterentwickelt.

Diesen Prozess kann man auch als ein Verfahren zur Bildung eines sich ständig anpassenden Kompasses für rationale und moralische Entscheidungsoptionen (ähnlich einem Algorithmus in modernen Computerprogrammen) ansehen. Indem verschiedene Hirnregionen miteinander kommunizieren, entwickelt unser Verstand aus den Erfahrungen im Leben Maßstäbe für Entscheidungen zwischen rational richtig oder falsch und zwischen moralisch gut oder schlecht und speichert sie dort ab.

- **Seele und Gewissen**

Wer sich an dieser Stelle fragt, wo denn der Sitz der Seele und des (im religiösen Sinne verstandenen) Gewissens ist, den muss ich leider enttäuschen: eine (von unserem Geist zu unterscheidende) "Seele" und ein neben unseren für Wertentscheidungen zuständigen Hirnregionen existierendes Gewissen gibt es in meiner Vorstellungswelt nicht, diese Begriffe finden sich nur im religiösen Sprachgebrauch. Dort werden sie als göttliche Gabe verstanden, eine Vorstellung, die ich entschieden ablehne.

Frage an alle Gläubigen:

Wenn die Annahme zuträfe, dass Gott den Menschen mit seiner Schöpfung ein Gewissen mitgegeben hätte, wie erklärt sich dann, dass trotz dieser angeblichen göttlichen ‚Mitgift' Menschen zum Beispiel schlimme Verbrechen begehen oder ihren Mitmenschen großes Leid zufügen?

Jetzt kommen Sie mir bitte nicht mit dem Hinweis, dass in der Welt teuflische Mächte ihr Wesen treiben. Damit endet jeder ernsthafte Dialog, denn peinlicher kann man zur Verteidigung der Katholischen Lehre wohl nicht argumentieren. Wenn Sie das trotzdem ernst meinen, dann erklären Sie mir doch, wie überhaupt das Böse in eine gottgewollte Welt gelangen konnte!

- **Der Sinn des Lebens**

Menschen wird seit jeher von Glaubensgemeinschaften suggeriert, das Leben müsse, da wir alle Geschöpfe Gottes seien, einem höheren Sinn dienen. Sie meinen auch zu wissen, worin der Sinn des Lebens besteht und fordern dazu auf, ein gottgefälliges Leben im Glauben an einen GOTT und unter Beachtung der von seiner Kirche verfassten Lehre zu führen.

Jedem Menschen ist natürlich unbenommen, sein Leben in Demut vor einem heiligen Wesen zu führen und darauf zu vertrauen, auf diese Weise einem höheren Zweck zu dienen, allerdings bleibt ihnen dann vieles versagt, wofür Menschen evolutionär geschaffen sind und was sie vor allen anderen Lebewesen auszeichnet:

Menschen können - wenn sie ihrem Verstand folgen - ein selbstbestimmtes und in diesem Rahmen auch sinnerfülltes Leben entspr. ihren Bedürfnissen, Neigungen und Vorlieben (in Verantwortung gegenüber den Mitmenschen) führen, und zwar - wie ich bereits an früherer Stelle ausgeführt habe - frei von weltfremden Illusionen, frei von fragwürdigen metaphysischen Spekulationen und frei von dogmatischer Bevormundung.

# Kleine Sammlung hoch interessanter Zitate namhafter Persönlichkeiten

o    „Gerade die paradoxesten Glaubenssätze, welche jeder Erfahrung und vernünftiger Überlegung spotten, sind die willkommensten; denn sie scheinen die Gewähr zu bieten, daß hier nicht nur Menschliches und daher Unzuverlässiges dargereicht wird, sondern göttliche Weisheit."
Adolf v. Harnack, dt. Theologe u. Kirchenhistoriker

o    „Einen Gott, der die Objekte seines Schaffens belohnt und bestraft, der überhaupt einen Willen hat nach Art desjenigen, den wir an uns selbst erleben, kann ich mir nicht einbilden. Auch ein Individuum, das seinen körperlichen Tod überdauert, mag und kann ich mir nicht denken; mögen schwache Seelen aus Angst oder lächerlichem Egoismus solche Gedanken nähren."
Albert Einstein, dt.-amerik. Physiker

o    „Der Weg, mit dem Glauben zu sehen, besteht darin, das Auge des Verstandes zu schließen."
Benjamin Franklin, ehemaliger amerik. Präsident

o    „Sie können einige Leute die ganze Zeit täuschen und alle Leute manchmal, aber Sie können nicht alle Leute die ganze Zeit täuschen."
Abraham Lincoln, ehem. amerik. Präsident

o   „Religion ist etwas, das aus den Kinderschuhen unserer Intelligenz übrig geblieben ist. Es wird verblassen, wenn wir Vernunft und Wissenschaft als unsere Richtlinien annehmen."

„Die Behauptung, das Christentum habe einen erhebenden Einfluss auf die Moral, kann nur aufrechterhalten werden, wenn man sämtliche historischen Beweise ignoriert oder fälscht."

"Je intensiver die Religion einer Epoche und je tiefer der dogmatische Glaube war, desto größer war die Grausamkeit und desto schlimmer war der Zustand."
Bertrand Russell, franz. Philosoph

o   „Gott hat den Menschen nicht nach seinem Vorbild geschaffen. Ganz offensichtlich war es genau umgekehrt."

„Wenn die religiöse Unterweisung erst in einem Alter zugelassen wäre, in dem Kinder selbstständig denken können, lebten wir in einer völlig anderen Welt."

„Alle Versuche, den Glauben mit Wissenschaft und Vernunft zu versöhnen, sind [...] der Lächerlichkeit preisgegeben und zum Scheitern verurteilt."
Christopher Hitchens, amerik. Autor

o   „Keine theologische Ungereimtheit ist so auffallend, dass sie nicht zuzeiten von den verständigsten und gebildetsten Menschen angenommen worden wäre."
David Hume, engl. Philosoph

o     „In dunklen Zeiten wurden die Völker am besten durch die Religion geleitet, wie in stockfinstrer Nacht ein Blinder unser bester Wegweiser ist; er kennt dann die Wege und Stege besser als ein Sehender. Es ist aber töricht, sobald es Tag ist, noch immer die alten Blinden als Wegweiser zu gebrauchen."
Heinrich Heine, dt. Dichter

o     „Die Ablehnung wissenschaftlicher Aufklärung ist ein Wesensmerkmal der monotheistischen Religionen. Sie tendieren eindeutig zu geistiger Finsternis, um so ihre Märchen aufrechtzuerhalten"
Michel Onfray, franz. Philosoph

o     „Es ist erbärmlich anzusehen, wie die Menschen nach Wundern schnappen, um nur in ihrem Unsinn und Albernheiten beharren zu dürfen und sich gegen die Obermacht des Menschenverstandes und der Vernunft wehren zu können."
Johann Wolfgang v. Goethe, dt. Dichter

o     „Wie ernst darf man es eigentlich heute noch nehmen, wenn der Originalton eines Dialogs zwischen Gott und Moses wiedergegeben und dem Leser suggeriert wird, die Verfasser all dieser in Wahrheit höchst umstrittenen Texte hätten als Protokollanten daneben gestanden?"
Peter Henkel, dt. Philosoph u. Journalist

o    „Geht man allen Religionen auf den Grund, so beruhen sie auf einem mehr oder minder widersinnigen System von Fabeln. Es ist unmöglich, dass ein Mensch von gesundem Verstand, der diese Dinge kritisch untersucht, nicht ihre Verkehrtheit erkennt."
Friedrich II., preußischer König

o    „Dies könnte die beste aller möglichen Welten sein, wenn es nur keine Religion in ihr gäbe."
John Adams, ehem. Präsident der USA

o    „Ich fühle mich nicht zu dem Glauben verpflichtet, dass derselbe Gott, der uns mit Sinnen, Vernunft und Verstand ausgestattet hat, von uns verlangt, dieselben nicht zu benutzen."
Galileo Galilei, ital. Naturwissenschaftler

o    „Alle Religionen sind gleichermaßen erhaben für die Unwissenden, nützlich für den Politiker und lächerlich für den Philosophen"
Lukrez, Philosoph der Antike

o    „Unter den vielen Lügenmächten, die in der Welt wirksam sind, ist die Theologie eine der ersten."
Mahatma Gandhi, indischer Freiheitskämpfer

o    „Lüge bleibt Lüge, auch wenn sie in der Bibel steht."
Gerd Lüdemann, dt. ev. Theologe

o    „Glaube nichts, egal wo du es gelesen hast oder wer es gesagt hat, nicht einmal, wenn ich es gesagt habe, es sei denn, es stimmt mit deiner eigenen Vernunft überein und deinem eigenen gesunden Menschenverstand!"
<u>Buddha,</u> indischer Religionsstifter

o    „Glaubst du noch oder denkst du schon?"
„Durch die Unbedingtheit des Glaubens werden historisch bedingte Irrtümer sowie unzulängliche Moralvorstellungen für die Zukunft festgeschrieben, also künftige Erkenntnis- und Humanitätsfortschritte zugunsten dogmatischer Borniertheit verhindert."
„Wer auch nur halbwegs redlich mit [...] „heiligen Texten" umgeht, der weiß, dass sie mit Humanität, mit der Gewährung von Menschenrechten, Demokratie, Meinungsfreiheit etc., herzlich wenig zu tun haben."
<u>Michael Schmidt-Salomon</u>, dt. Philosoph

o    „Stellt mit Kühnheit sogar die Existenz Gottes in Frage; denn wenn es ihn gibt, muss er die Huldigung der Vernunft mehr gutheißen als die der Angst mit verbundenen Augen!"
„Ich habe alle bekannten Aberglauben der Welt untersucht... Sie alle basieren auf Fabeln und Mythologie. Das Christentum hat die eine Hälfte der Welt zu Dummköpfen und die andere Hälfte zu Heuchlern gemacht."
<u>Thomas Jefferson</u>, ehemaliger amerik. Präsident

o     „Wir sind alle frei zu glauben, was wir wollen, und es ist meine Ansicht, dass die einfachste Erklärung ist: Es gibt keinen Gott. Niemand hat unser Universum erschaffen, und niemand lenkt unser Schicksal. Dies führt mich zu einer tiefen Erkenntnis: Es gibt wahrscheinlich keinen Himmel und auch kein Leben nach dem Tod."
<u>Stephen Hawking</u>, engl. Physiker

o     „Daß man ihre Synagogen oder Schulen mit Feuer anstecke, und was nicht verbrennen will, mit Erde überhäufe und beschütte, daß kein Mensch einen Stein oder Schlacke davon sehe ewiglich. Und solches soll man tun unserem Herrn und der Christenheit zu Ehren, damit Gott sehe, daß wir Christen seien." (Hass- bzw. Hetzrede gg. die Juden)
<u>Martin Luther,</u> dt. Reformator

o     „Auf Dauer kann nichts der Vernunft und Erfahrung standhalten, und der Widerspruch, den die Religion beiden bietet, ist nur allzu greifbar."
<u>Sigmund Freud</u>, österr. Arzt u. Psychologe

    „Unsere abendländische Kultur, auf Altertum und Renaissance beruhend, ist im härtesten Kampf gegen die ausgesprochen kulturhemmenden Kräfte des Christentums entstanden."
<u>Arno Schmidt,</u> dt. Schriftsteller

o "Was die Ketzer anlangt, so haben sie sich einer Sünde schuldig gemacht, die es rechtfertigt, daß sie nicht nur von der Kirche vermittels des Kirchenbannes ausgeschieden, sondern auch durch die Todesstrafe aus dieser Welt entfernt werden."
Thomas von Aquin, Kirchenlehrer

o "Das Mysterium des Anfangs aller Dinge ist für uns unlösbar, und ich für meinen Teil muss mich damit begnügen, ein Agnostiker zu bleiben."
Charles Darwin, engl. Naturforscher

o "All unser Wissen beginnt mit den Sinnen, geht dann weiter zum Verstand und endet mit der Vernunft. Es gibt nichts Höheres als die Vernunft."
"Sapere aude! Habe Mut, dich deines eigenen Verstandes zu bedienen" - das ist das Motto der Aufklärung."
Immanuel Kant, dt. Philosoph

o "Dass sich bestimmte... Personengruppen durch das Aufstellen „heiliger" (d.h. unantastbarer) Spielregeln jeglichem kritischen Zugriff entziehen und dadurch eigene Denkfehler als verbindlich in die Zukunft fortschreiben, kann und darf in einer modernen Gesellschaft keine akzeptable Praxis mehr sein."
Hans Albert, dt. Philosoph

- o "Ich wünsche dem Führer nichts sehnlicher als einen Sieg." <u>Papst Pius XII</u> (über Adolf Hitler)

- o "Der Reichskanzler lebt ohne Zweifel im Glauben an Gott. Er anerkennt das Christentum als den Baumeister der abendländischen Kultur."
  <u>Kardinal Faulhaber</u>, früh. Erzbischof von München und Freising (über Adolf Hitler)

- o "Ein Esel stellt sich Gott als Esel vor. Der Papst stellt sich Gott als Mann vor."
  <u>Uta Ranke-Heinemann</u>, dt. kath. Theologin

- o "Die Kirche lebt davon, daß die Ergebnisse der wissenschaftlichen Leben-Jesu-Forschung in ihr nicht publik sind."
  <u>Hans Conzelmann</u>, dt. ev. Theologe

- o "Niemand vor Stalin und Hitler hat in Europa das menschliche Leben so unentwegt aufs äußerste verachtet und in den Staub getreten, ja, dies noch – Gipfel zynischer Perversion – als „gottgewollt" verkündet, wie die christliche Kirche."
  <u>Karlheinz Deschner</u>, dt. Schriftsteller

- o "Ist aber Christus nicht auferstanden, so ist unsre Predigt vergeblich, so ist auch euer Glaube vergeblich."
  <u>1 Korinther 25:14</u>

o    „Was ich nicht weiß, das glaube ich auch nicht zu wissen."
Sokrates, antiker griech. Philosoph

o    „Diejenigen, die uns das Paradies auf Erden versprechen, haben nie etwas anderes als eine Hölle hervorgebracht."
„Kein rationales Argument wird eine rationale Wirkung auf einen Menschen haben, der nicht bereit ist, eine rationale Haltung einzunehmen."
Karl Popper, österr.-engl. Philosoph

o    „Wenn Gott mir nur ein klares Zeichen geben würde! Wie eine grosse Einzahlung auf meinen Namen bei einer Schweizer Bank!"
„Ich glaube nicht an ein Leben nach dem Tod, obwohl ich Unterwäsche zum Wechseln mitbringe."
Woody Allen, amerik. Filmregisseur und Komiker

# Literatur (Hauptquellen)

- Hans Albert, „Traktat über kritische Vernunft", utb-Verlag, 5. Auflage 1991

- Jürgen August Alt, „Karl R. Popper", Campus Verlag 2001

- Franz Buggle, „Denn sie wissen nicht, was sie glauben und warum man redlicherweise nicht mehr Christ sein kann", Alibri Verlag 2012

- Karlheinz Deschner, „Kriminalitätsgeschichte des Christentums", Bde. 1-10, Rowohlt Verlag

- Karlheinz Deschner, „ Abermals krähte der Hahn", Alibri Verlag 2015

- Klaus Huber, „Religionskritik in Zitaten", 2015

- Daniel Kahnemann, „Schnelles Denken, langsames Denken", Siedler Verlag 2012

- Gerd Lüdemann, „Jesus nach 2000 Jahren", Klampen Verlag, 4. Auflage 2014

- Gerhard Vollmer, „Im Lichte der Evolution", Hirzel Verlag 2016

# Antworten auf kritische Stimmen zu meiner Schrift

Leserkommentare:

- Was bildet sich der Autor dieser Streitschrift gegen die Katholische Kirche eigentlich ein? Mit welchem Recht glaubt er eine Kirche, der weltweit über zwei Milliarden Menschen angehören, wegen vereinzelter Verfehlungen und pauschaler, vielfach nicht bewiesener Behauptungen angreifen und verurteilen zu können.

Was weiss er schon von einer Glaubenslehre, zu der sich in der westlichen Welt seit nahezu zwei Jahrtausenden nahezu alle großen Geister bekannt haben und die die Menschheit bis in die heutige Zeit bewegt. Wie kann er sich als Ungläubiger überhaupt ein Urteil über eine Lehre anmaßen, die auf heiligen, von Gott den Menschen offenbarten Quellen beruht und nur von Menschen verstanden werden kann, die bereit sind, der Allmacht Gottes und seiner Güte in Demut zu vertrauen?

Meine Antwort lautet:

Ich verstehe Gläubige, die so denken. Für Menschen, die in einer über fast zwei Jahrtausende währenden christlichen Tradition aufgewachsen sind, ist dieser Glaube häufig ein identitätsstiftender untrennbarer Teil ihrer Persönlichkeit, den sie gegen alle Angriffe, wenn nötig mit allen ihnen zur Verfügung stehenden Mitteln, verteidigen.

Mit ihrer Meinung Recht haben können allerdings nur diejenigen Teilnehmer an einem kontroversen Diskurs, die sich auch in Glaubensangelegenheiten an Fakten halten, keine widersprüchlichen oder gegen die Denkgesetze verstoßenden Aussagen treffen und sich nicht mit offenkundigen Torheiten in Widerspruch setzen zu dem, was uns heute die Naturwissenschaften an gesicherten Erkenntnissen vermitteln.

Wer diesen Aussagen zustimmen kann, muss sich den hier vorgetragenen Kritikpunkten dezidiert stellen, ansonsten verliert er jedes Maß an Glaubwürdigkeit.

Wer meint, es reiche aus, seinen Glauben damit zu verteidigen, dass er auf die weltweit grosse Anhängerschaft der KK, unter denen sich offenkundig nicht wenige hoch gebildete Persönlichkeiten und namhafte Denker befinden, hinweist, verfehlt bei mir die erhoffte Wirkung, da im Diskurs nicht zählt, wer oder wie viele Menschen etwas für wahr halten, sondern wie gut die jeweils eigene Sichtweise begründet ist.

- Einige meiner Kritiker meinen, meine kleine Schrift damit abtun zu können, dass vieles - wenn nicht sogar alles - von dem, was ich schreibe, seit langem bekannt sei. Sie wollen damit wohl zum Ausdruck bringen, dass die vorgetragenen Kritikpunkte längst von der KK thematisiert und entweder zurückgewiesen oder entkräftet worden seien und sich damit längst erledigt hätten.

Ja, das wäre sicher im Sinne der Kirchenoberen, die alles tun, um einer dezidierten sachlichen Auseinandersetzung mit fundierter Kritik aus dem Weg zu gehen, weil sie das sicher in große Verlegenheit bringen würde.

Zunächst einmal gilt es festzustellen, dass weder von einer Aufarbeitung der hoch kriminalitätsbelasteten Geschichte der Katholischen Kirche noch von einem Eingehen auf die Kritik an einzelnen ihrer Lehrinhalte bzw. an den innerkirchlichen Strukturen die Rede sein kann. Dazu habe ich mich im Haupttext ausführlich geäußert.

Dort habe ich auch darauf hingewiesen, dass die KK sich selbst Fesseln angelegt hat, die es ihr um der Wahrung der Glaubenseinheit willen nicht erlauben, Inhalte ihrer religiösen Lehre (und den daraus abgeleiteten moralisch-ethischen Anschauungen) infrage zu stellen. Dasselbe gilt auch für ihre verfestigten patriarchalischen und autoritären innerkirchlichen Strukturen.

Die breite Kritik an der KK ist daher - wie auch die extrem hohe Zahl der Austritte von Gläubigen aus der KK für jedermann deutlich macht – unbestreitbar hoch aktuell und absolut notwendig.

- Einige Leser halten die Streitschrift für einen bösartigen - ketzerischen - und verleumderischen Angriff auf die Katholische Kirche. Der Autor müsse sich vorhalten lassen, dass ihm nicht an einer fairen Auseinandersetzung mit der KK gelegen sei, sondern dass er einseitig alles unternehme, um die KK in schlechtem Licht erscheinen zu lassen. Völlig unerwähnt blieben daher alle Fakten und Aspekte, die den christlichen Glauben als höchst wirkmächtige positive Kraft für die Entwicklung der Menschheit würdigen und der Rolle, die die KK dabei spielt, gerecht werden.

Dem Autor sei auch vorzuhalten, dass er mit keinem Wort anerkenne, welche Bedeutung der christliche Glauben für viele Menschen hat, indem er ihnen Halt und Zuversicht gibt und ihnen hilft, das ihnen zugedachte Leid in der Welt in der Hoffnung auf ein paradiesisches Jenseits leichter zu ertragen.

Meine Antwort:
Ich nehme diese Einwände sehr ernst. Trotzdem halte ich mein Vorgehen für gerechtfertigt.

Bei aller Kritik, die ich übe, will ich selbstverständlich nicht bestreiten, dass die Katholische Kirche und der christliche Glaube es in mancher Hinsicht auch verdienen, als eine für die Entwicklung der Menschheit bedeutsame Kraft positiv gewürdigt zu werden. Dafür, dass die Glaubensinhalte der KK und ihr Ansehen in der Welt tief im Bewusstsein der Menschen verankert sind und bleiben, sorgen allerdings bereits in Überfülle kirchliche Verteidiger des christlichen Glaubens, die fast ausnahmslos nicht bereit sind, die nicht zu leugnenden Schattenseiten dieser Lehre und der sie verkündenden Institution aufzuzeigen.

Meine Schrift soll daher einem interessierten Leser eine Lektüre an die Hand geben, die es ihm erlaubt, die Katholische Kirche und ihre Glaubenslehre einmal aus einer anderen - kritischen - Sicht wahrzunehmen.